Table des matières

1 Le modèle TCP/IP

1.1 La communauté Internet

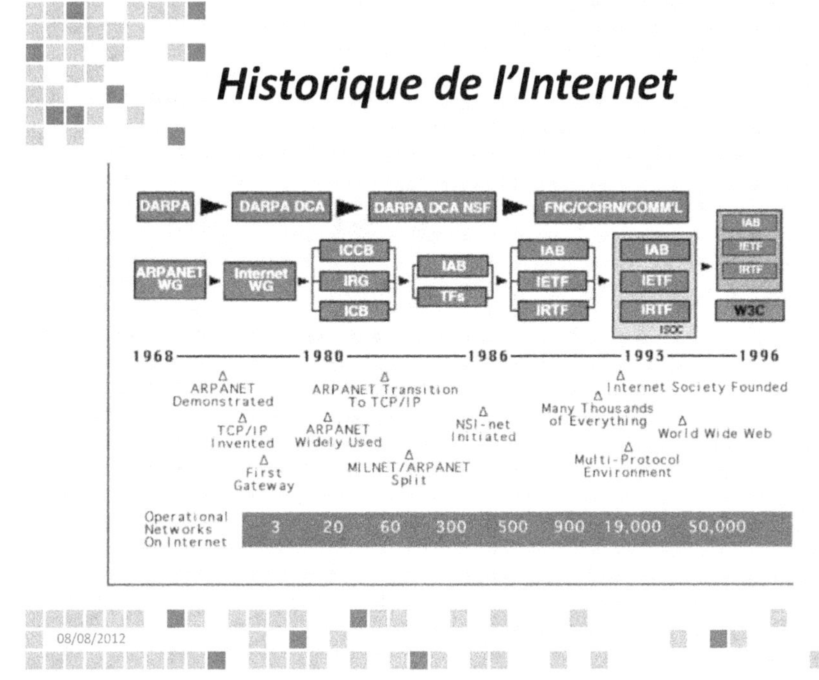

L'IETF

- Internet Engineering Task Force

- Organisme le plus connu qui permet à Internet de progresser

- Pas de membres
  - pas d'adhésion, pas de cadre statutaire, pas de conseil d'administration

- L'IETF est un groupe informel
  - Contributeurs et volontaires participent à l'évolution des technologies de l'Internet

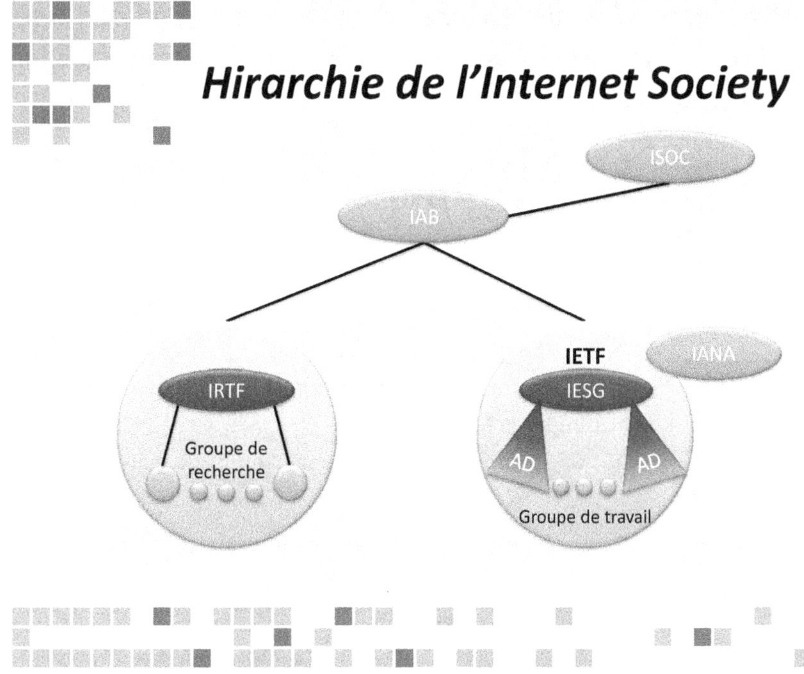

L'ISOC (Internet Society) est une organisation internationale à but non lucratif dont l'objet est de favoriser le développement de l'Internet. Elle assure un rôle de supervision des travaux de l'IETF et prend en charge les relations publiques des différents groupes « I ».

L'IESG (Internet Engineering Steering Group) assure la direction technique des travaux de l'IETF ce qui l'amène à corriger ou ratifier les résultats issus des groupes de travail, à déclarer la création et la dissolution des groupes de travail. L'IESG est constitué par les ADs (Area Directors ou Responsables de Domaines). À la différence des organismes de normalisation internationaux tels l'ISO ou l'UIT (Union Internationale des Télécommunications) qui adoptent leurs textes en les votant, l'IETF fonctionne sur le mode du consensus approximatif (rough consensus) et c'est l'IESG qui décide si le travail fourni par un groupe dégage un consensus. Attention, ce consensus s'entend bien sûr au sein du groupe auteur du travail mais au-delà, au sein de l'ensemble de l'IETF, c'est-à-dire dans tous les groupes de travail de l'ensemble des domaines. Ceci a pour but la cohérence entre les protocoles définis par l'IETF.

L'IAB (Internet Architecture Board) est un peu le comité des « sages » de l'Internet. L'IAB conserve une vision d'ensemble, est en veille sur les fondamentaux de l'Internet ce qui l'amène à porter une attention particulière aux activités émergentes de l'IETF.

L'IAB sponsorise également **l'IRTF (Internet Research Task Force)** qui propose des études approfondies de l'architecture d'Internet, études qui font des recommandations à l'IETF et à l'IESG. Si l'IETF était « le parlement », si l'IAB était « le comité des sages », l'IRTF serait « le sénat ».

L'IANA (Internet Assigned Numbers Authority) est le bureau d'enregistrement des activités de l'IETF. En continuant la comparaison avec la structure politique française, l'IANA serait « le journal officiel ».

Les RFC's

- Request For Comments

- Le résultat d'un travail engagé par un groupe de l'IETF est publié sous forme de RFC
  - Avant d'être un RFC, le document est d'abord un ID (Internet Draft)

- Il existe six catégories différentes de RFCs dont 3 standards
  - Proposition de standard (Proposed standard)
  - Projet de standard (Draft Standard)
  - Standard Internet (Internet Standard, parfois appelés full standard)

Seuls les trois premiers (proposed, draft et full) sont des standards de l'IETF. Si le document de travail ID dégage un consensus au sein de l'IETF et est donc accepté par l'IESG (c'est là qu'intervient l'appel à commentaires), il devient RFC Proposition de standard. Après six mois de ce statut et si l'auteur (cas d'une soumission individuelle) ou l'animateur du groupe de travail prouve que le RFC a fait l'objet d'au moins deux mises en œuvre indépendantes et interopérables (qui peuvent fonctionner ensemble), le RFC peut évoluer du statut de Proposition à celui de Projet. Enfin, après quelques années d'existence sous statut de Projet, un RFC peut devenir un Standard Internet mais c'est tout à fait exceptionnel, ce statut étant réservé aux protocoles absolument nécessaires au fonctionnement de l'Internet.

Une fois un RFC publié, il n'est jamais modifié.

Si le standard qu'il décrit change, celui-ci sera de nouveau publié sous forme d'un nouveau RFC qui rendra le précédent obsolète.

1.2   Les quatre niveaux TCP/IP

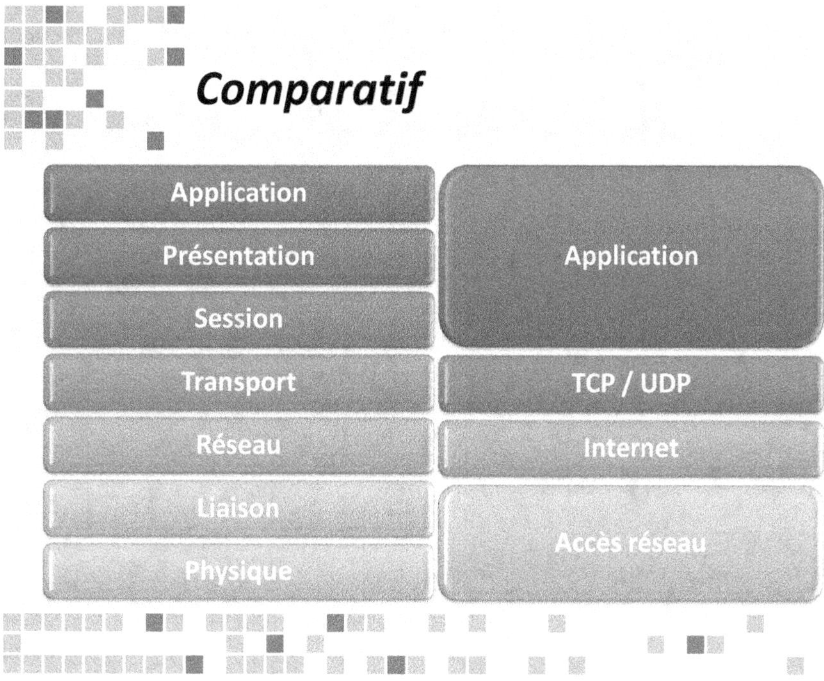

Le choix a été fait de traiter l'interconnexion des réseaux au niveau de la couche réseau.

Ce protocole va fixer les règles à respecter pour acheminer les paquets vers le réseau de destination Il reçoit les informations à transmettre des couches supérieures et y ajoute tout ce qui lui est utile pour remplir son rôle : par exemple il faut au moins qu'il connaisse l'adresse du destinataire.

Il existe plusieurs protocoles pour interconnecter les réseaux (IPX, IP de l'ISO le standard de fait est l'IP du DoD dans sa version 4.

Une des clés du succès des protocoles Internet réside dans le fait que le modèle proposé est indépendant de couches Physique et Liaison de données (couches 1 et 2 du modèle OSI).

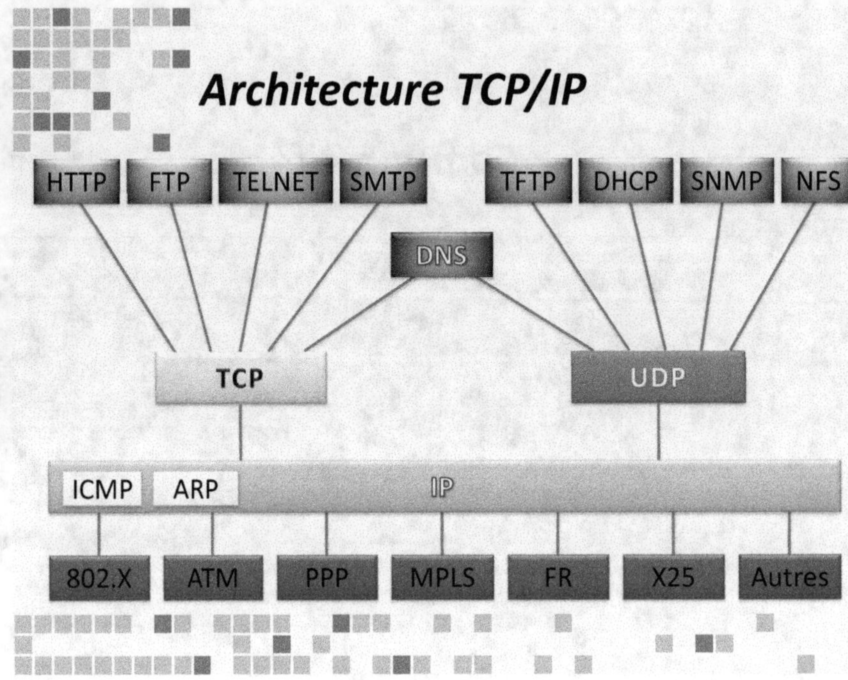

La couche **accès réseau** regroupe les fonctions de la couche Physique et de la couche Liaison du modèle OSI. Le modèle TCP/IP prend acte en quelque sorte de la prédominance d'Ethernet et inhibe toutes les autres normalisations. S'il faut retenir un concept, c'est TCP/IP s'appuie sur les réseaux existants.

IP (Internet Protocol) est bien le protocole essentiel de la couche Internet. Les mécanismes afférents à cette couche sont l'adressage, la fragmentation, le choix du meilleur chemin, ou encore la suppression d'un paquet. Deux autres protocoles aideront IP dans sa tâche à savoir ICMP et ARP respectivement la gestion des messages de contrôle sur le réseau et la correspondance entre l'adresse logique et l'adresse physique.

La couche Transport, couche de bout en bout, est fondée sur deux protocoles : le protocole TCP (Transmission Control Protocol) et le protocole UDP (User Datagram Protocol).
TCP est un protocole de transport fiable, orienté connexion. Les garanties de cette couche sont la remise, l'intégrité et le séquencement.
UDP est un protocole non fiable et fonctionne en mode non connecté.

Les protocoles applicatifs travaillent en fonction de leurs besoins respectifs soit en mode connecté (FTP, Telnet,...) soit non connecté (DHCP, NFS,...) ou les deux (DNS). Les fonctions de ces protocoles seront détaillées un peu plus tard.

2   L'adressage IP

2.1   Le format d'adressage

Du fait qu'il existe de nombreux réseaux physiques et donc de nombreux formats d'adressage physique différents, Il fallait créer un mécanisme d'adressage universel qui puisse s'abstraire des plans d'adressage des réseaux physiques pour constituer un réseau logique.

Il faut donc affecter à chaque nœud du réseau une adresse logique indépendante de son adresse physique et du réseau physique utilisé.

Tout comme le réseau téléphonique ou le « réseau » de la poste, IP utilise un adressage hiérarchisé. A contrario, un adressage qui n'est pas hiérarchisé est un adressage « à plat ».

Pour créer un adressage hiérarchisé, il a fallu structurer l'adresse IP en deux parties, Le « Net ID » distingue le réseau, le « Host ID » distingue l'hôte à l'intérieur du réseau.

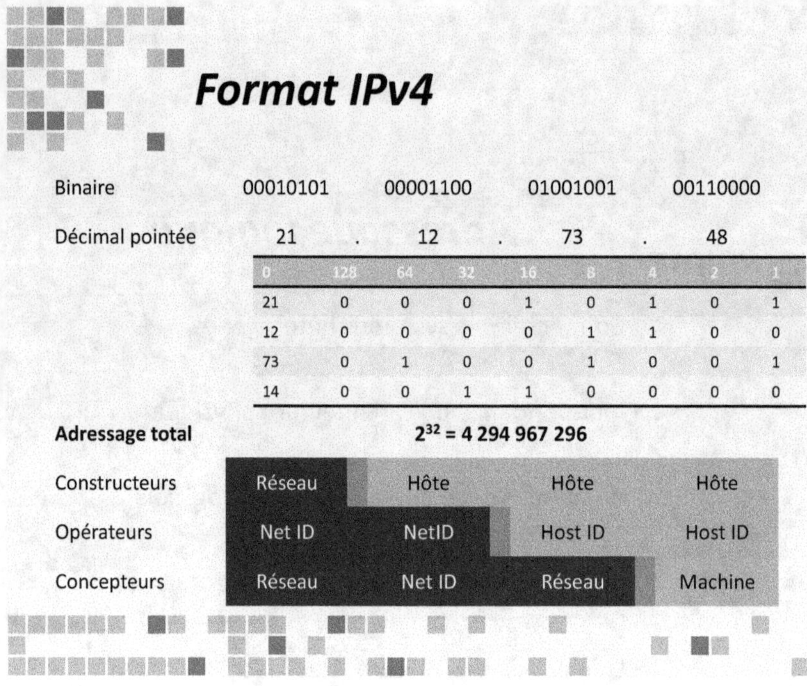

Binaire	00010101			00001100			01001001			00110000
Décimal pointée	21	.		12	.		73	.		48

	0	128	64	32	16	8	4	2	1
21	0	0	0	1	0	1	0	1
12	0	0	0	0	1	1	0	0
73	0	1	0	0	1	0	0	1
14	0	0	1	1	0	0	0	0

Adressage total — 2^{32} = 4 294 967 296

Constructeurs	Réseau	Hôte	Hôte	Hôte
Opérateurs	Net ID	NetID	Host ID	Host ID
Concepteurs	Réseau	Net ID	Réseau	Machine

Le format d'une adresse IP, compréhensible par une machine, en binaire, est formé d'un mot de 32 bits.

L'administrateur préfère l'exprimer sous la forme dite « décimale pointée ». L'écriture choisie permet de diviser les 32 bits en 4 octets (8bits). Chaque octet est converti en décimal, les quatre nombres obtenus sont séparés par des points. Chaque nombre ainsi obtenu est compris entre 0 et 255.

Comme dit, précédemment l'adresse IP est « coupée » en deux. La première partie identifiant la partie réseau et la seconde la partie machine. L'adresse IP est exprimée sur 32 bits, ce qui autorise en théorie 2^{32} = 4 294 967 296 adresses (plus de 4 milliards d'adresses !). Cependant, beaucoup d'adresses sont perdues, dû en partie à l'organisation hiérarchique adoptée. Une question se pose alors, comment découper notre adresse, autrement dit, où placer la frontière ou le « split » ?

Parce qu'ils savaient construire de grands réseaux, les constructeurs militaient pour un « split » 1/3. Les opérateurs de télécommunications préféraient un « split » 2/2. Les concepteurs de IP eux, plaidaient pour un « split » 3/1…

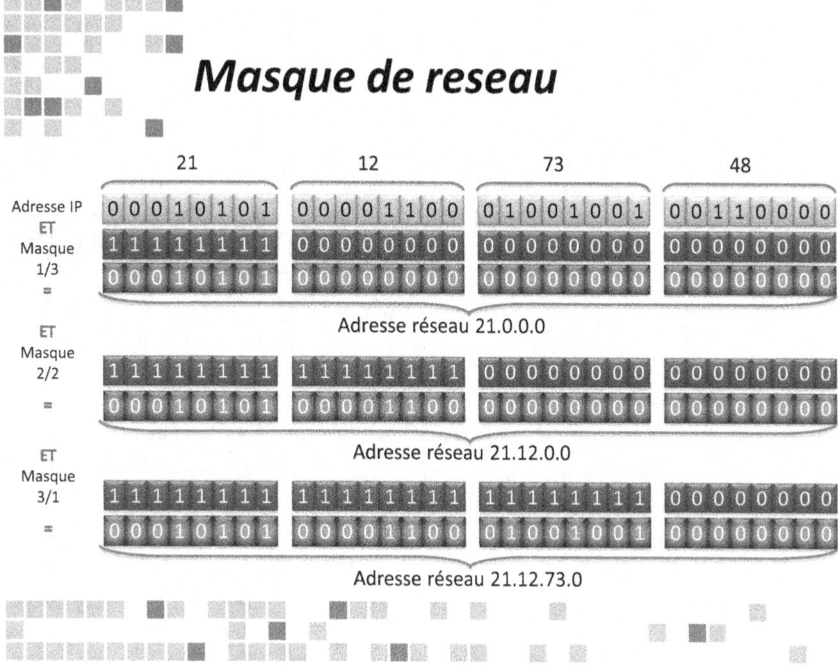

Le masque de réseau va être utilisé pour déterminer l'appartenance d'une machine à un réseau. Autrement dit il va déterminer où placer le « split ».

C'est un mot binaire de 32 bits composé de 1 et de 0. Les bits exprimant la valeur réseau sont positionnés à 1 et les bits exprimant la valeur cliente sont positionnés à 0.

Les masques proviennent du découpage précédemment cité, ils sont dits « naturels ».

L'adresse réseau va donc être calculée en réalisant un ET logique, bit à bit, entre l'adresse IP et le masque. Il s'agit de 32 fonctions logiques ET à deux entrées.

Dans l'exemple ci-dessus, l'adresse 21.12.73.48 va être découpée en fonction des masques naturels. Les adresses réseaux seront respectivement 21.12.73.0, 12.12.0.0 et 21.0.0.0.

Les masques cités appartiennent aux classes d'adresse A, B et C, coexistence de « splits » différents.

Par exemple,

En classe A, une adresse 10.11.12.13 aura pour adresse de réseau 10.0.0.0.

En classe B, une adresse 172.16.17.18 aura pour adresse de réseau 172.16.0.0.

En classe C, une adresse 192.168.1.2 aura pour adresse de réseau 192.168.1.0.

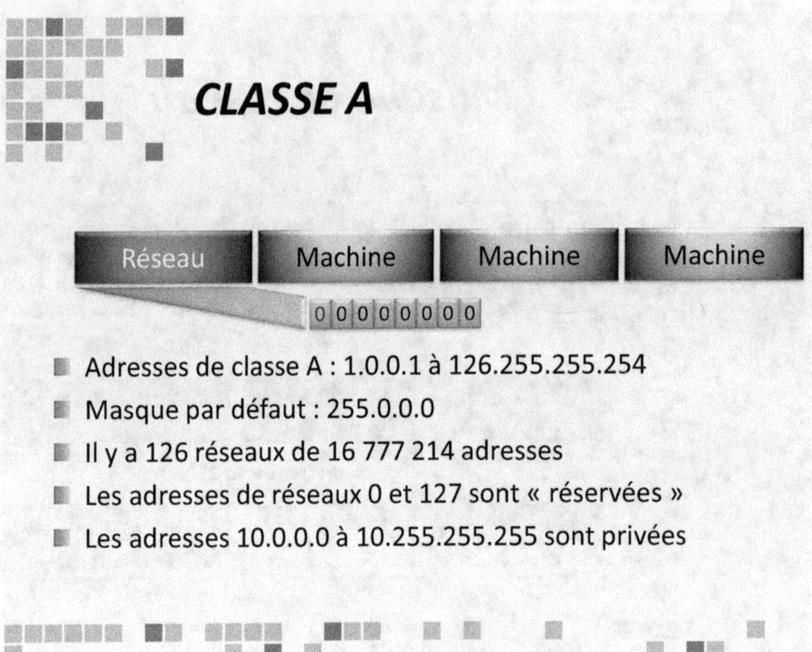

- Adresses de classe A : 1.0.0.1 à 126.255.255.254
- Masque par défaut : 255.0.0.0
- Il y a 126 réseaux de 16 777 214 adresses
- Les adresses de réseaux 0 et 127 sont « réservées »
- Les adresses 10.0.0.0 à 10.255.255.255 sont privées

Les adresses de classe A sont définies sur 31 bits (32 bits dont 1 bit imposé) et consomment donc la moitié de l'espace d'adressage IP (environ 2 milliards d'adresses). C'est un paradoxe du mécanisme retenu, les adresses réseau de classe A étant les plus difficiles à attribuer (il n'y en a que 126).

En tant qu'adresses source, les adresses 0.0.0.0/8 désignent les hôtes sur ce réseau. L'adresse 0.0.0.0/32 en tant qu'adresse source désigne cet hôte sur ce réseau.

Le bloc complet, correspondant à 127/8 et donc de l'adresse réseau 127, sert à l'administrateur réseau pour tester le bon fonctionnement de la pile IP de la machine hôte. Une des adresses est dite, de boucle ou de bouclage 127.0.0.1 et identifie la machine elle-même (« local host »).

Les adresses qui appartiennent à l'espace d'adressage de l'Internet, appelons les « adresses publiques », chaque adresse doit être unique dans cet espace.
Les adresses qui appartiennent à l'espace d'adressage du réseau local de l'entreprise, appelons les « adresses privées », chaque adresse doit être unique dans l'espace du réseau privé.

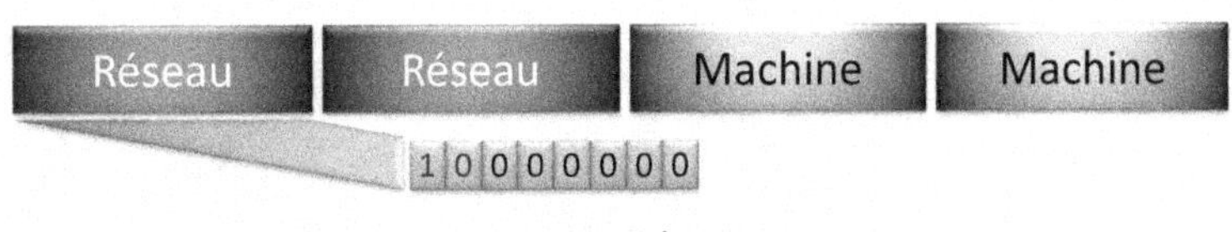

- Adresses de classe B : 128.0.0.1 à 191.255.255.254
- Masque par défaut : 255.255.0.0
- Il y a 16 384 réseaux de 65 534 adresses
- Les adresses de réseaux 169.254 sont « réservées »
- Les adresses 172.16.0.0 à 172.31.255.255 sont privées

Les adresses de classe B sont définies sur 30 bits (32 bits dont 2 imposés) et consomment donc la moitié de l'espace non déjà consommé par les adresses de classe A, soit environ 1 milliard d'adresses.

Le bloc 169.254.0.0/16 est le bloc d'adresses dites « locales-liens » (« link local » block). Les hôtes obtiennent ces adresses par auto-configuration après avoir tenté sans succès d'obtenir leur configuration IP auprès d'un serveur DHCP.

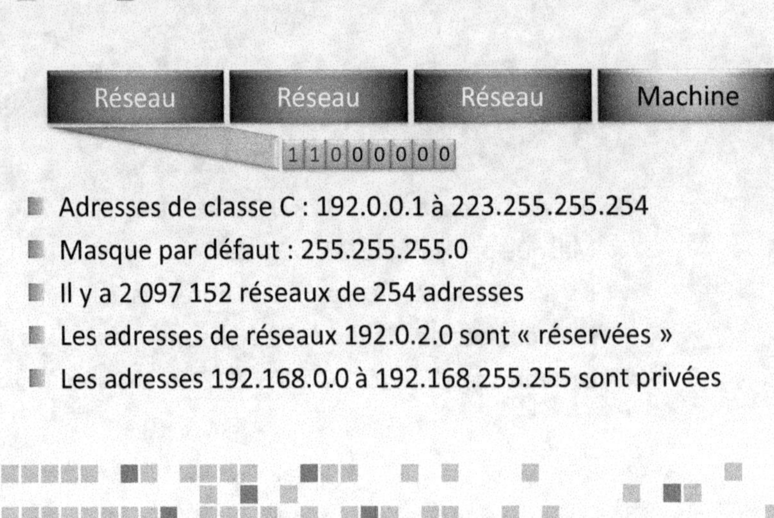

- Adresses de classe C : 192.0.0.1 à 223.255.255.254
- Masque par défaut : 255.255.255.0
- Il y a 2 097 152 réseaux de 254 adresses
- Les adresses de réseaux 192.0.2.0 sont « réservées »
- Les adresses 192.168.0.0 à 192.168.255.255 sont privées

Les adresses de classe C sont définies sur 29 bits (32 bits dont 3 imposés) et consomment donc la moitié de l'espace non déjà consommé par les adresses de classe A et de classe B. Ainsi, les adresses les plus faciles à attribuer sont hélas les moins nombreuses, soit environ 500 millions d'adresses.

Le bloc 192.0.2.0/24 est dédié aux adresses « TEST-NET » utilisées à des fins d'enseignement ou de documentation. Ces adresses ne doivent pas apparaître sur le réseau public Internet.

Le format d'adressage

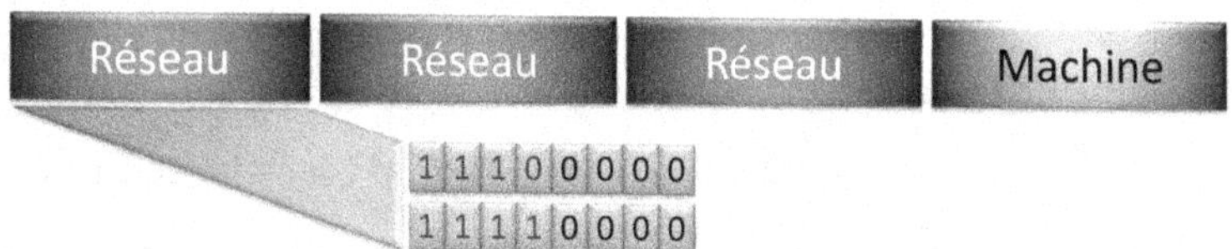

- Adresses de classe D : 224.0.0.0 à 239.255.255.254
    - Adresses de multidiffusion

- Adresses de classe E : 240.0.0.0 à 255.255.255.254
    - Adresses expérimentales (développement futur)

Les adresses de classe D sont utilisées pour identifier des groupes de machines et permettre des communications multicast. Un paquet multicast est un paquet destiné à plusieurs machines.

Les adresses de classe E sont réservées à la recherche ou à des usages futurs.

Toujours en approximant, sur les 4 milliards d'adresses IP possibles, les classes A, B et C représentent 3,5 milliards, les classes D et E représentent chacune 250 millions.

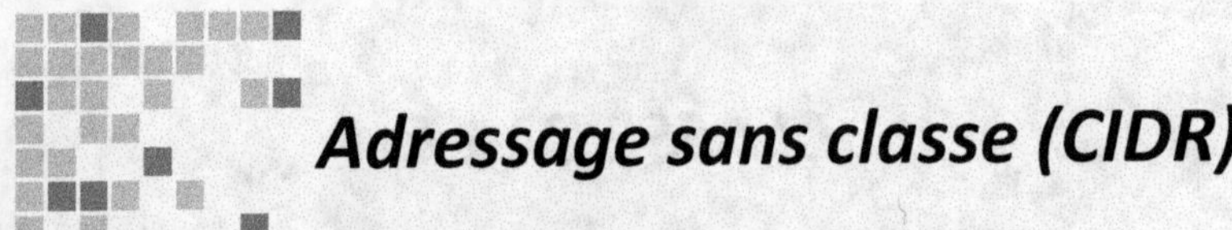

Adressage sans classe (CIDR)

- Pénurie d'adresses, de classe B et de machines
- Charge croissante des tables de routage

- 1992 : l'IETF adopte CIDR(Classless Inter-Domain Routing)

- Couple Adresse IP/Masque de réseau :
  - 192.168.1.0/255.255.255.0 devient 192.168.1.0/24
  - @IP/N où N est le nombre de bits à 1 du masque

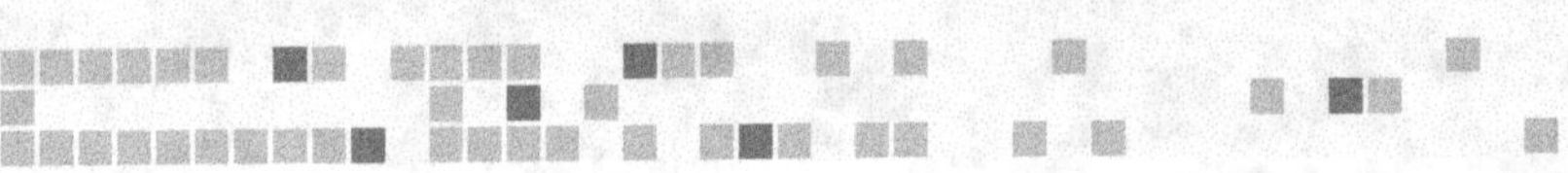

En raison de l'expansion croissante d'Internet et du frein représenté par le système des classes d'adresses. L'IETF va plancher sur une nouvelle solution aux problèmes de pénurie d'adresses et de surcharge des tables de routage.

La notion de classe va donc disparaitre et laisser la place à une nouvelle notation (CIDR), qui va être adoptée et inclue dans les protocoles de routage.

La solution proposée par CIDR consiste donc à faire accompagner l'adresse IP de son masque et remplacer l'ancienne adresse IP « classée » par le couple « adresse IP / masque de réseau ».

La solution de noter par exemple 192.168.1.0/255.255.255.0 n'est guère commode. En observant qu'un masque est constitué d'un nombre N de bits à 1 suivi d'un nombre (32-N) de bits à 0, il suffit de préciser la valeur N pour spécifier ce masque.

Avec CIDR, la notation de l'adresse 192.168.1.2/255.255.255.0 devient 192.168.1.0/24. Les anciens masques de classe A, B et C deviennent respectivement /8, /16 et /24.

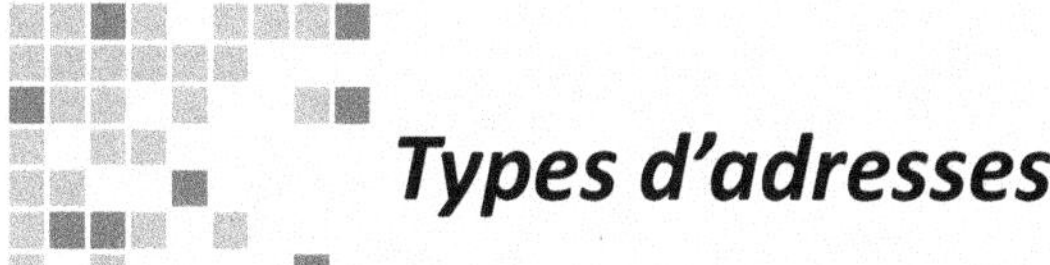

Types d'adresses

- Adresse de réseau
  - Bits machine sont à 0

- Adresse de diffusion (broadcast)
  - Bits machine sont à 1

- Adresse de multidiffusion (multicast)
  - 224.0.0.0/4

- Adresse de monodiffusion (unicast)
  - Adresse d'hôte

À l'intérieur d'un réseau, la plus petite adresse hôte, c'est-à-dire celle dont tous les bits sont à 0, est réservée pour désigner le réseau. Tous les hôtes de ce réseau partagent les mêmes bits réseau soit le même préfixe.

De même, à l'intérieur d'un réseau, la plus grande adresse hôte, c'est-à-dire celle où tous les bits sont à 1, est réservée pour désigner l'ensemble des hôtes du réseau. Cette adresse est toujours utilisée en tant qu'adresse de destination. Cette adresse de diffusion est appelée adresse de diffusion dirigée (Directed Broadcast).

L'adresse 255.255.255.255 est valide uniquement en tant qu'adresse de diffusion limitée (« limited broadcast »). Typiquement, un paquet « Limited Broadcast » est destiné à toutes les machines du réseau local.

Enfin, entre la plus petite adresse hôte et la plus grande, toutes les autres valeurs désignent des hôtes. À l'intérieur d'un réseau, chacune de ces valeurs doit être unique et ne peut être attribuée qu'une seule fois.

2.2 L'obtention d'une adresse IP

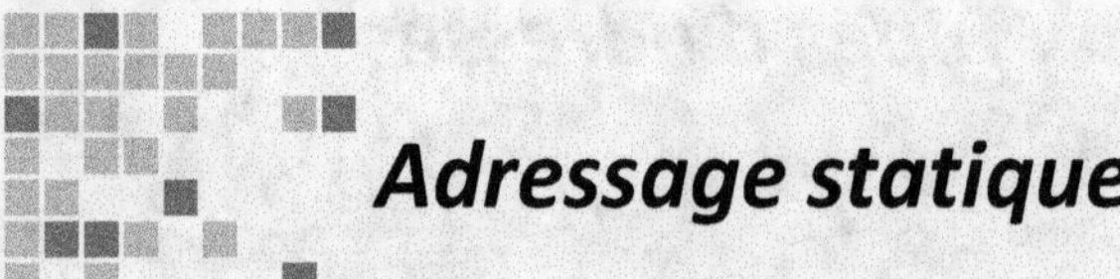

Adressage statique

- L'administrateur affecte manuellement les adresses IP

- Organisation des affectations, géographiques ou fonctionnels

- Ne convient que dans le cas de petites structures

- Les serveurs requièrent une attribution statique
  - les clients doivent accéder aux services requis « sans chercher »

Auto configuration

- RARP (Reverse Adress Resolution Protocol)

- BOOTP

- DHCP (Dynamic Host Configuration Protocol)

- PXE (Pre-boot eXecution Environment)

- APIPA (Automatic Private Internet Protocol Adressing)

RARP permet, en utilisant l'adresse physique, de déterminer l'adresse logique. Ainsi, lors de son initialisation (bootstrap), la station envoie une requête RARP, afin d'obtenir une adresse IP correspondante à l'adresse MAC transmise.

Une fois l'adresse IP obtenue, et un fichier échangé, la station contacte un serveur BOOTPARAM en utilisant les appels de procédures distantes (RPC - Remote Procedure Call). L'adresse IP du serveur Network File System (NFS) sera finalement transmise au client qui va ensuite télécharger le système d'exploitation via le réseau.

BOOTP constitue une évolution de RARP et de BOOTPARAM, autorisant la fourniture d'autres paramètres que la seule adresse IP.

DHCP constitue une évolution de BOOTP, en ce sens, qu'il permet aussi au client d'envoyer des informations au serveur. DHCP est aussi capable d'associer des paramètres pendant une durée donnée.

PXE propose un démarrage par le réseau. Il repose entièrement sur le réseau et s'appuie sur les protocoles DHCP et TFTP. Cette technique s'active dans le setup de l'ordinateur.

APIPA est utilisé par les SE pour fournir une adresse IP à un ordinateur qui ne parvient pas à trouver un serveur DHCP. Cette plage d'adresses va de 169.254.0.0 à 169.254.255.255.

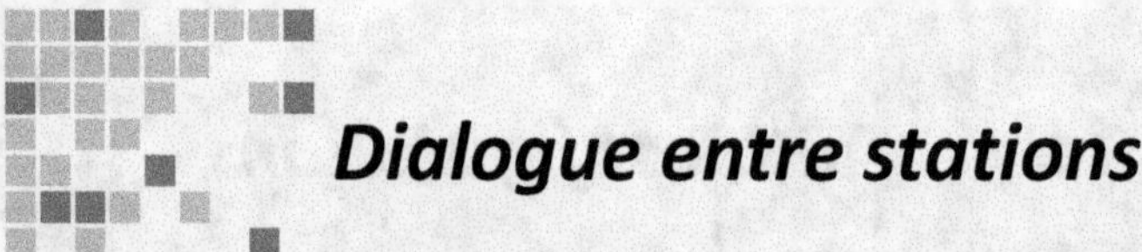

Dialogue entre stations

- La station émettrice (A) connait
  - son adresse IP
  - son masque

- de la station destinatrice
  - son adresse IP

- la station émettrice (A) doit comparer
  - son adresse réseau (@IP A ET masque A)
  - l'adresse réseau de la station destinatrice (@IP B ET masque A)

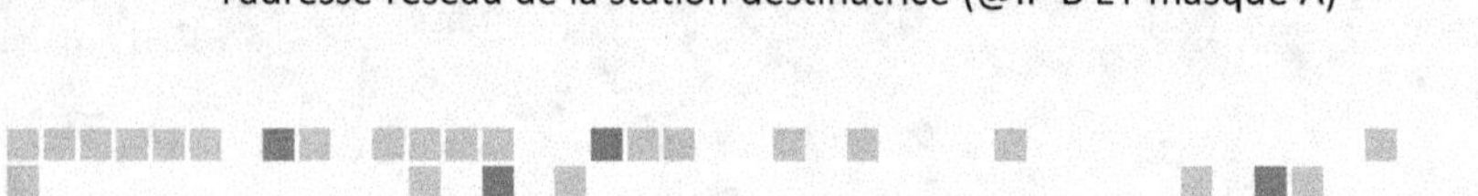

Une carte réseau doit vérifier si le destinataire se trouve sur le même réseau logique ou non. Suivant le cas, cette carte réseau fait appel à la passerelle par défaut ou, au contraire, est en mesure de se débrouiller seule.

Appelons A l'émetteur. Il connaît son adresse IP (IPA), son masque (mA) et l'adresse physique de la carte réseau (PHYA).

En tant qu'émettrice du datagramme, cette machine A ne connaît de la destination que son adresse IP. Le poste destinataire est appelé B (IPB, mB, PHYB).

Pour envisager l'envoi du datagramme, A doit d'abord savoir si le réseau logique de B (RLB) est le même que le sien (RLA). Or, A ne connaît que l'adresse IPB, pas le masque correspondant. Il lui est donc impossible de retrouver RLB directement.

Un moyen doit donc être trouvé par A de recouvrer RLB. Pour cela, A utilise son propre masque mA, conjointement avec l'adresse IPB. Il effectue ainsi sa propre interprétation de ce que pourrait être RLB.

Le traitement de niveau 2 ne doit pas, non plus, être oublié. En effet, A et B peuvent ou non être sur le même réseau.

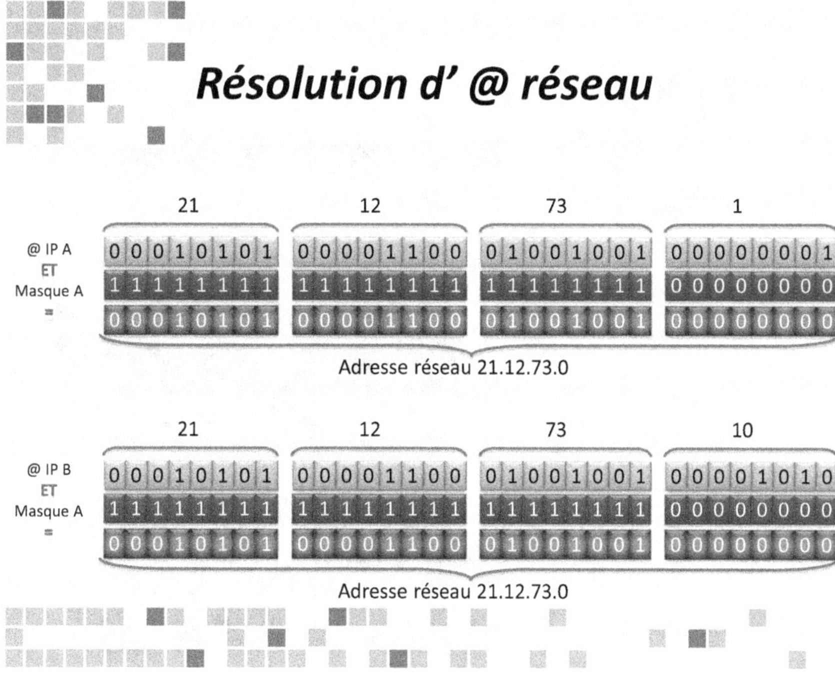

La résolution se fait par comparaison des adresses réseaux.

Observons la résolution de l'envoi de A vers B :
IPA = 21.12.73.1 et mA= 255.255.255.0, donc RLA est égal à 21.12.73.0.
IPB = 21.12.73.10 et mA= 255.255.255.0, donc RLB interprété par A est égal à 21.12.73.0.

Puis la résolution de l'envoi de B vers A :
IPA = 21.12.73.10 et mA= 255.255.255.0, donc RLB est égal à 21.12.73.0.
IPB = 21.12.73.1 et mA= 255.255.255.0, donc RLA interprété par B est égal à 21.12.73.0.

La comparaison s'effectue par un OU EXCLUSIF.

2.3 L'adressage par sous-réseaux

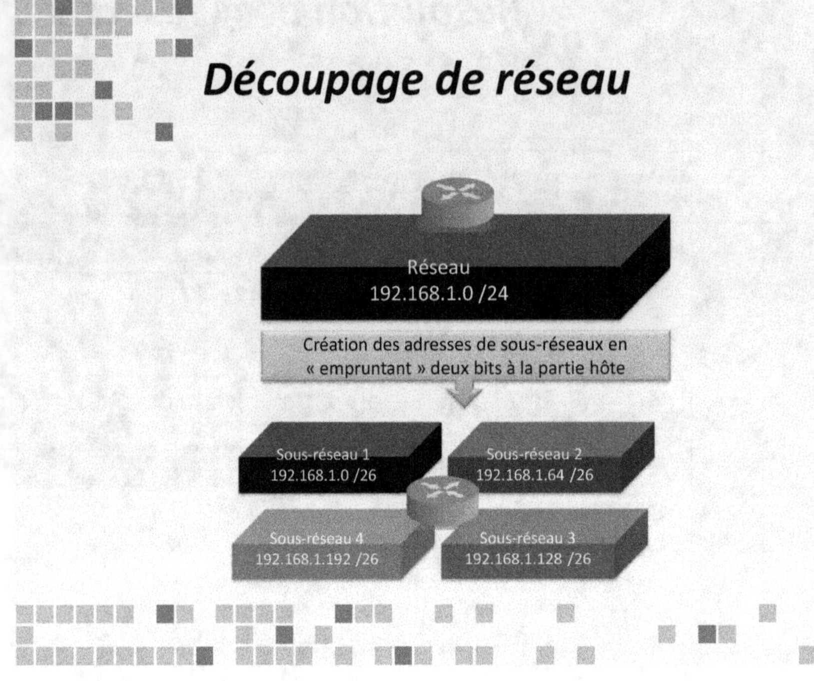

L'idée consiste à « emprunter » un nombre de bits à définir dans l'adresse hôte afin d'en faire une adresse de sous-réseau :

Un bit emprunté permet de définir deux sous-réseaux et donc de diviser l'espace de départ en deux parties égales ;

Deux bits empruntés permettent de définir 4 sous-réseaux (cas de l'illustration) ;

Trois bits empruntés permettent de définir 8 sous-réseaux et ainsi de suite.

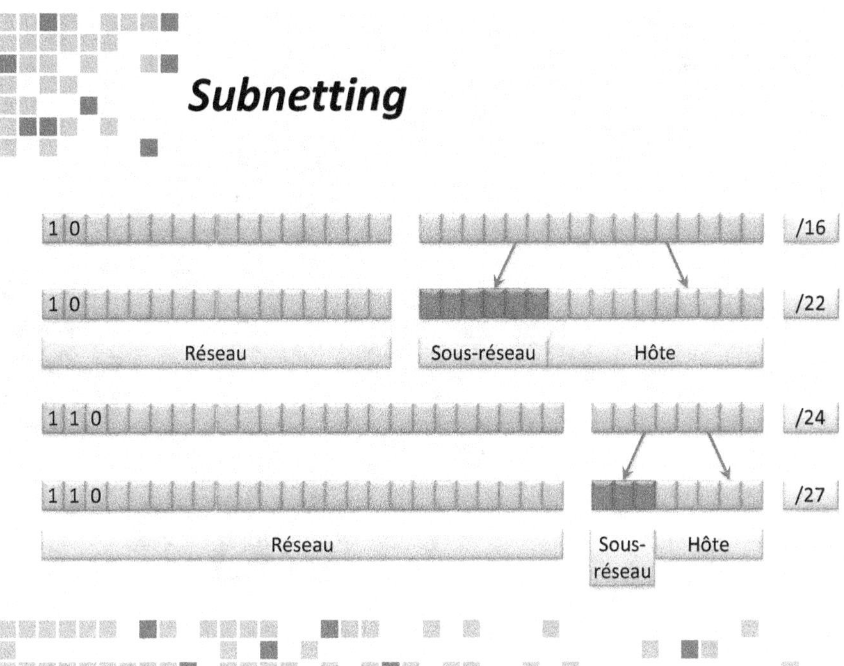
Subnetting
1 0
/16
1 0
/22
Réseau
Sous-réseau
Hôte
1 1 0
/24
1 1 0
/27
Réseau
Sous-réseau
Hôte

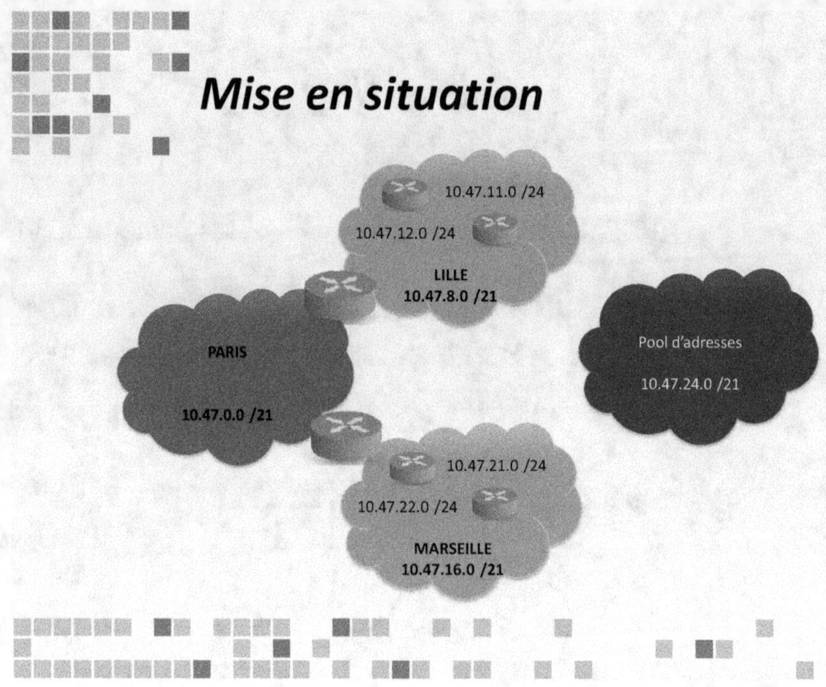

L'administrateur d'une entreprise a négocié un préfixe suffisant pour attribuer des adresses à un parc de 6000 machines. Le développement régulier de son entreprise le rend prudent et il a obtenu le préfixe 10.47.0.0/19. Cela signifie qu'il dispose de 13 bits pour l'espace d'adressage de son entreprise. 13 bits représente 2^13 - 2 = 8190 adresses potentielles avant structuration.

L'entreprise couvre trois sites d'égale importance, l'administrateur décide de créer un quatrième site de réserve et donc de diviser l'espace initial en quatre parties égales. Pour ce faire, il faut emprunter deux bits au champ de 13 bits initial, la longueur de préfixe pour chacun des quatre réseaux résultants est /21. Le site de Lille a immédiatement besoin de trois réseaux d'environ 250 machines. Chacun de ces réseaux nécessite un préfixe /24 et puisque le préfixe attribué au site de Lille est /21, il est possible d'y créer 8 réseaux /24. D'autres façons de diviser sont envisageables, par exemple toujours en partant du préfixe du site de Lille /21, il serait possible de créer un réseau /22 et quatre réseaux /24. Les besoins du site de Marseille sont équivalents.

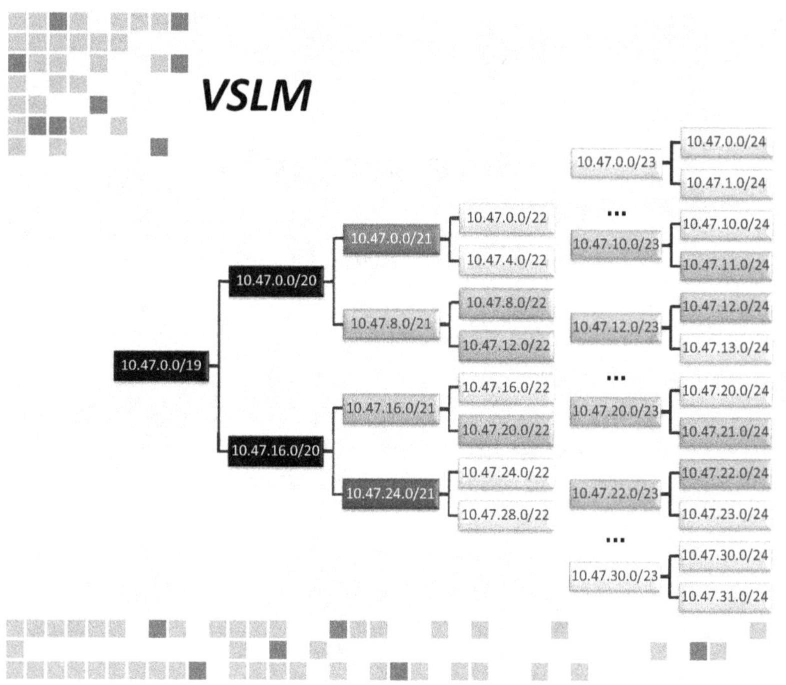
VSLM
10.47.0.0/19
10.47.0.0/20
10.47.16.0/20
10.47.0.0/21
10.47.8.0/21
10.47.16.0/21
10.47.24.0/21
10.47.0.0/22
10.47.4.0/22
10.47.8.0/22
10.47.12.0/22
10.47.16.0/22
10.47.20.0/22
10.47.24.0/22
10.47.28.0/22
10.47.0.0/23
10.47.10.0/23
10.47.12.0/23
10.47.20.0/23
10.47.22.0/23
10.47.30.0/23
10.47.0.0/24
10.47.1.0/24
10.47.10.0/24
10.47.11.0/24
10.47.12.0/24
10.47.13.0/24
10.47.20.0/24
10.47.21.0/24
10.47.22.0/24
10.47.23.0/24
10.47.30.0/24
10.47.31.0/24

2.4 La translation d'adresse

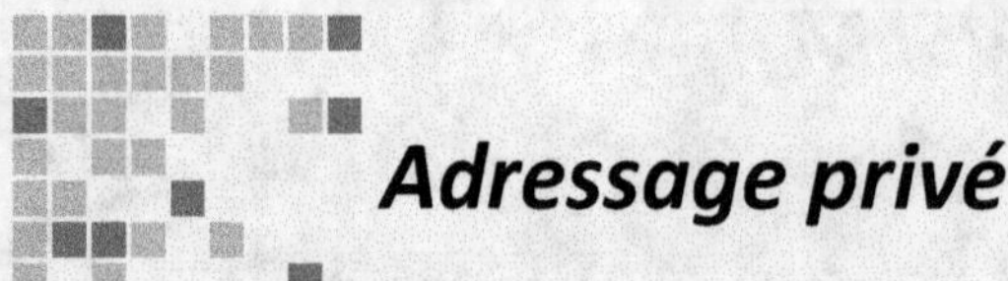

Adressage privé

- Recommandations IANA : RFC 1918

- Isolation naturelle du trafic privé par rapport au trafic Internet

- Nécessite la configuration de translations d'adresses
  - Network Address Translation / Port Address Translation
  - Le NAT ne se substitue pas au FireWall et/ou Proxy Server

- Les réseaux suivants ne sont pas routés sur l 'Internet
  - 10.0.0.0 à 10.255.255.255 /8
  - 172.16.0.0 à 172.31.255.255 /16
  - 192.168.0.0 à 192.168.255.255 /24

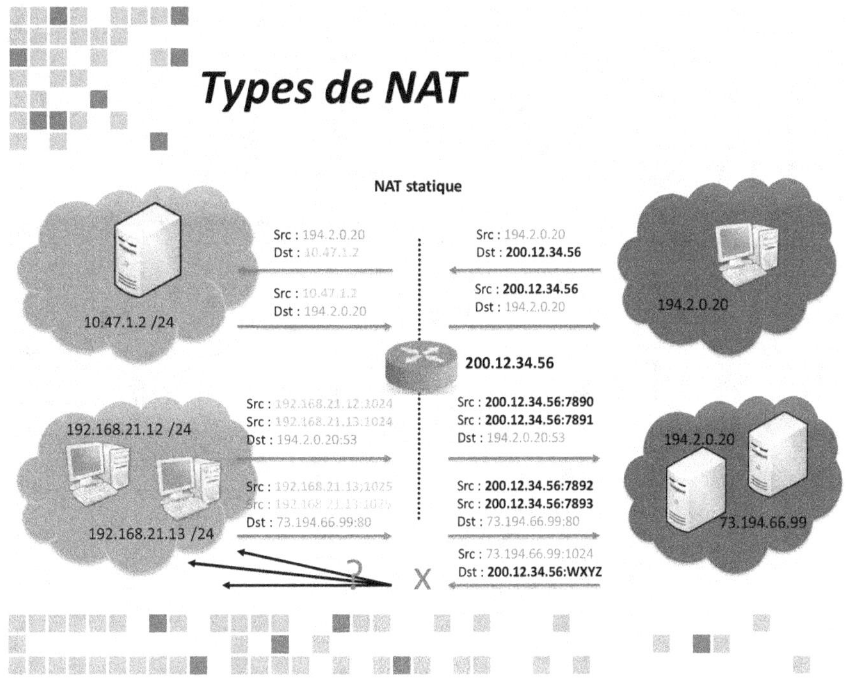

NAT Statique

Seule l'en-tête IP est modifiée, abstraction faite du checksum de couche 4. Technique compatible avec toutes les applications, généralement utilisée pour l'hébergement des serveurs. Adresser les serveurs selon la RFC 1918 facilite l'évolution d'architecture et / ou le changement de fournisseur Internet

Dans l'exemple ci-dessus, la machine 10.47.1.2 est un serveur devant être joignable depuis INTERNET. Une translation statique est indispensable pour faire correspondre une adresse officielle à cette adresse privée. Depuis l'extérieur, la véritable adresse de la machine n'est pas connue, seule l'adresse officielle qui lui a été attribuée est visible. Translation « bidirectionnelle ».

PAT

La source IP originale des paquets ne peut plus être déterminée par l'adresse IP de destination. En effet, plusieurs adresses privées utilisent une adresse IP publique unique. C'est donc le numéro de port qui est utilisé pour déterminer la socket source. Il s'agit plutôt d'une translation de socket. On parle de PAT (Port Address Translation)

Cette technique n'autorise que des connexions du réseau privé (N adresses) vers le réseau public. Incompatibilité avec certaines applications (cf. FTP).Utilisée habilement, cette restriction devient une force.

3 IP et l'accès réseau

3.1 Interconnexion physique

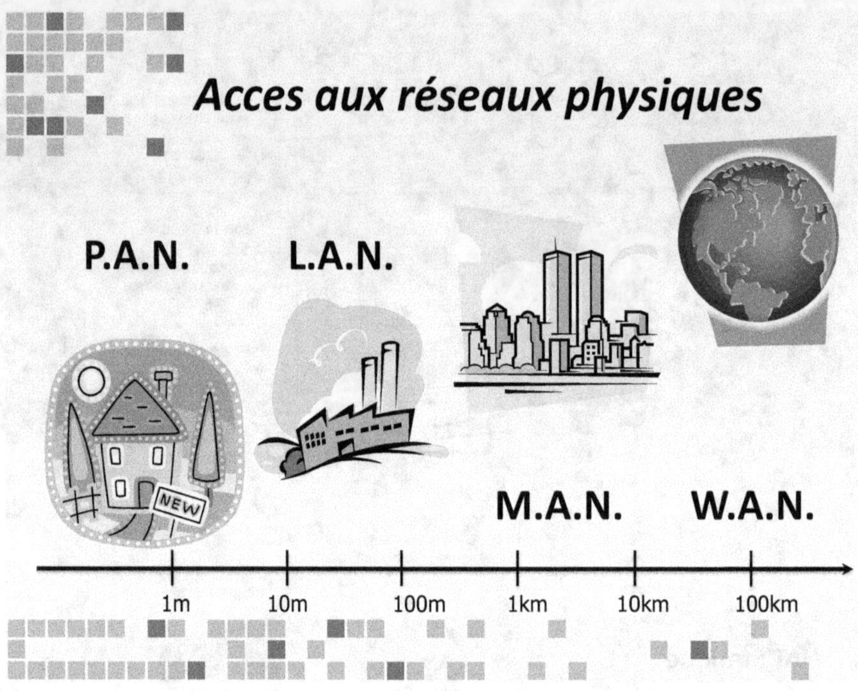

Un réseau personnel (Personal Area Network) s'étend sur quelques mètres et interconnecte les équipements domestiques de type pc, console de jeux ou encore téléphone portable. Les technologies utilisées sont généralement sans fil comme le bluetooth, l'infra-rouge ou l'USB et WUSB. Ce sont des réseaux dit « maison » ou propriétaires.

Un réseau local (Local Area Network) peut s'étendre de quelques mètres à quelques kilomètres et correspond au réseau d'une entreprise. Il peut se développer sur plusieurs bâtiments et permet de satisfaire tous les besoins internes de cette entreprise.

Un réseau métropolitain (Metropolitan Area Network) interconnecte plusieurs lieux situés dans une même ville, par exemple les différents sites d'une université ou d'une administration, chacun possédant son propre réseau local.

Un réseau étendu (Wide Area Network) permet de communiquer à l'échelle d'un pays, ou de la planète entière, les infrastructures physiques pouvant être terrestres ou spatiales à l'aide de satellites de télécommunications.

Présentation

- Réseau informatique à grande échelle,
  - pays, continent, voire planète entière.

- Terrestre (fibre optique) ou Herzien (satellite)

- Les fournisseurs de service gèrent les réseaux WAN

- Le plus grand WAN est le réseau Internet
  - Autre WAN le Réseau Téléphonique Commuté (RTC)

Les communications, parallèlement, à la mondialisation des industries se sont développées à grande échelle. L'interconnexion des réseaux d'entreprises entre eux, à des tiers ou à Internet a explosé.

Les technologies permettant ces connexions ont considérablement progressé. Beaucoup de solutions utilisent des supports publics, comme la ligne du réseau téléphonique commuté (RTC), le câble en fibre optique ou encore la boucle locale radio (BLR).

Le réseau téléphonique commuté en fil de cuivre reste le support privilégié des communications au-delà du réseau local.

Nous pouvons distinguer deux parties dans le réseau téléphonique commuté. La première, nommée boucle locale (BL) est propriété de France Télécom. Elle relie les centraux de l'opérateur historique aux bâtiments des clients finaux. Au-delà, un réseau cœur prend en charge la communication.

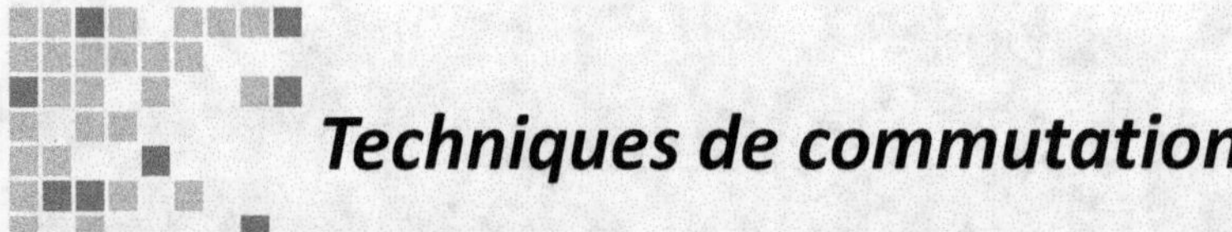

Techniques de commutation

- ■ Commutation de circuit
  - Liaison physique établit pendant la durée de l'échange

- ■ Commutation de message
  - Message transmis en un seul bloc, de nœud en nœud

- ■ Commutation de paquet
  - Datagramme (bloc d'information découpé)
  - Circuit virtuel (connexion logique émetteur/récepteur)
  - Service WAN (choix de chemin, taille de paquet, acquittements, contrôle de flux, gestion d'erreur)

La commutation de circuit est utilisée par le réseau téléphonique. Une liaison physique est établit entre les deux abonnés pendant toute la durée de la connexion.

La commutation de messages n'établit pas de chemin dédié entre les deux stations. Le message contient l'adresse du destinataire, il est transmis en un seul bloc. Il se dirige vers un nœud de communication, est traité par celui-ci puis est transmis vers le nœud suivant…

La commutation de paquet propose le découpage du message en datagramme et la numérotation de celui-ci. Chaque datagramme suivant son propre chemin, un numéro est nécessaire pour reconstituer le message complet.

La notion de **circuit virtuel** s'appuie sur des connexions logiques entre l'émetteur et le récepteur initialisé en début d'échange en fonction des paramètres de communication.

Connexions WAN

- Réseau téléphonique
    - Réseau Numérique à Intégration de Service (RNIS)
    - Liaison louée ou spécialisée (LS)
    - Technologies xDSL

- Cœur de réseau
    - Asynchronous Transfer Mode (ATM)
    - Frame Relay (FR)
    - Multiprotocol Label Switching (MPLS)

Le RNIS est un standard international. C'est un service commuté. L'utilisateur est facturé en fonction de la durée de communication et de la distance parcourue.

Une ligne spécialisée est permanente et louée forfaitairement à un opérateur téléphonique. Elle interconnecte en point à point deux numéros prédéfinis à l'avance. La facturation est dépendante de la distance et du débit proposé.

Les technologies DSL utilisent les fréquences non exploitées par le signal analogique. Les débits obtenus peuvent être conséquents, mais sur des distances très courtes au sein de la boucle locale.

ATM permet la transmission de la voix, de la vidéo et des données sur des réseaux de grande taille, à des vitesses importantes. Une commutation de paquets de taille fixe et réduite, les cellules, a été retenue. Elle est couplée avec la mise en place de circuits virtuels multiplexés.

Frame relay est conçu pour transporter une trame de bout en bout sans remonter au niveau réseau. L'adressage et le routage sont donc réalisés en couche 2. Un circuit virtuel doit donc être mis en œuvre au niveau de cette couche.

MPLS combine à la fois le routage de niveau 3, comme le fait IP, et la commutation de niveau 2, exploitée dans Frame Relay ou l'ATM. Très flexible, Elle permet d'intégrer différents protocoles de couche 3 et se montre indépendante de l'infrastructure et peut utiliser les services de ATM, Frame Relay, Ethernet...

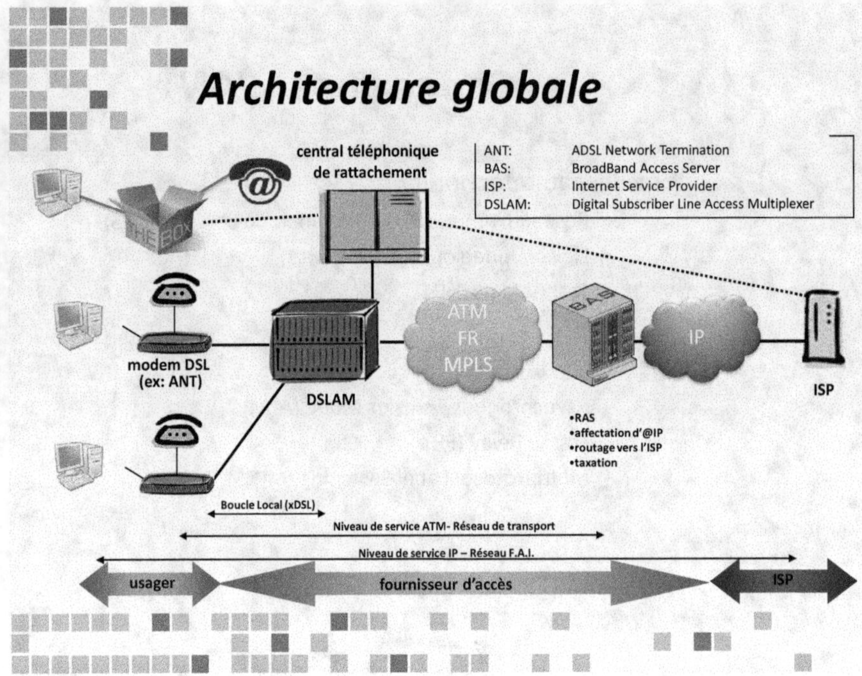
Architecture globale
central téléphonique
de rattachement
ANT: ADSL Network Termination
BAS: BroadBand Access Server
ISP: Internet Service Provider
DSLAM: Digital Subscriber Line Access Multiplexer
ATM
FR
MPLS
BAS
IP
ISP
modem DSL
(ex: ANT)
DSLAM
•RAS
•affectation d'@IP
•routage vers l'ISP
•taxation
Boucle Local (xDSL)
Niveau de service ATM- Réseau de transport
Niveau de service IP – Réseau F.A.I.
usager
fournisseur d'accès
ISP

3.2   L'adressage MAC

Présentation

- Déterminer l'adresse physique (MAC) en fonction de l'adresse logique (IP)

- Message de diffusion

- Table de correspondance temporaire

- Incorporé dans les trames

Le but du protocole ARP est de déterminer l'adresse MAC d'une interface réseau à partir de son adresse IP.

Une requête en broadcast est donc émise, pour retrouver l'information. La station concernée répondra en envoyant elle aussi une requête ARP, mais en unicast. ARP gère une table spécifique, le cache ARP, pour mémoriser les correspondances @IP-@MAC.

Cette résolution est nécessaire pour pouvoir adresser la trame au bon périphérique sur le réseau IP local. ARP s'adapte aux protocoles de couches basses utilisés, les messages étant incorporés dans ces trames.

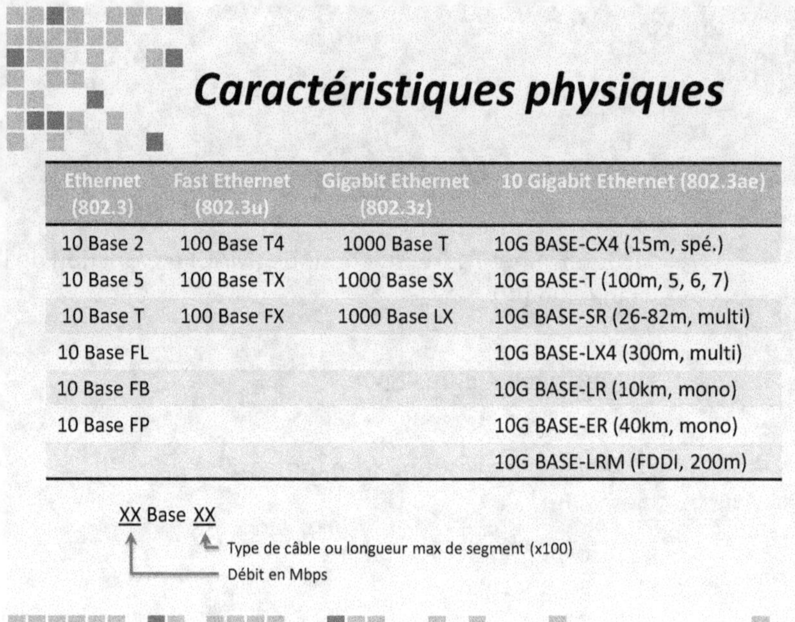

Caractéristiques physiques

Ethernet (802.3)	Fast Ethernet (802.3u)	Gigabit Ethernet (802.3z)	10 Gigabit Ethernet (802.3ae)
10 Base 2	100 Base T4	1000 Base T	10G BASE-CX4 (15m, spé.)
10 Base 5	100 Base TX	1000 Base SX	10G BASE-T (100m, 5, 6, 7)
10 Base T	100 Base FX	1000 Base LX	10G BASE-SR (26-82m, multi)
10 Base FL			10G BASE-LX4 (300m, multi)
10 Base FB			10G BASE-LR (10km, mono)
10 Base FP			10G BASE-ER (40km, mono)
			10G BASE-LRM (FDDI, 200m)

802.3 offre différentes options de couche Physique. La nomenclature utilisée laisse apparaître le débit, le support, le type de signal et la longueur de segment.

10base2 : câble coaxial fin (10 Mbps, 200 mètres max.).

10baseT : 10 Mbps sur paire torsadée (**T**wisted pair).

10baseFL, fibre optique (**Fi**ber **L**ink), FB (**Fi**ber **B**ackbone) et FP (**Fi**ber **P**assive).

La plupart des normes à 10 Mbps ne sont plus du tout utilisées.

Apparu en 1994, Fast Ethernet va lui succéder. Il est le standard aujourd'hui.

TX et FX sont les implémentations de la paire torsadée et de la fibre optique.

Le Gigabit Ethernet progresse surement avec l'évolution des matériels, des câblages et précâblages. Un temps réservé aux dorsales et aux serveurs, il se démocratise sur la plupart des matériels. SX (Short Wave) concerne l'exploitation de la fibre optique sur 550 m max. et LX (Long Wave) de 2 à 5 km.

Le 10 Gigabit Ethernet reste compatible avec ses prédécesseurs. Il ne se limite plus aux réseaux locaux et trouve son utilisation aux niveaux métropolitains et étendus. Récent et assez onéreux, l'Ethernet à 10 Gbps n'est pas encore vraiment adopté dans les réseaux locaux, où un débit 10 fois inférieur est largement suffisant.

Adressage physique

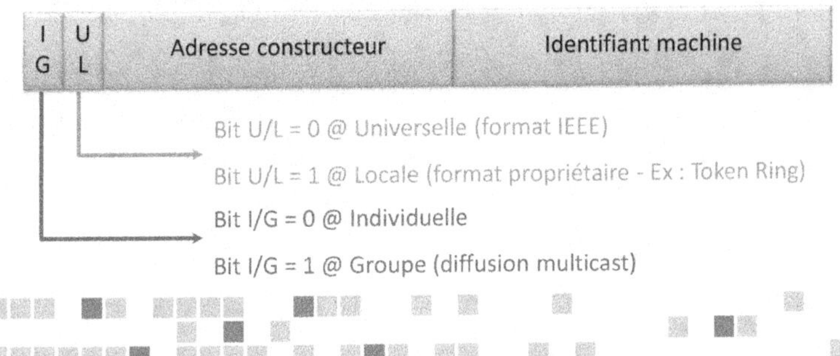

- L' @MAC identifie de manière unique une station sur le réseau local.

- Format : 48 bits (6 octets)
    - 22 bits de l'adresse régie par l'IEEE (OUI : Organizationally Unique Identifiers)
    - 24 bits attribué par le constructeur
    - Adresse de diffusion : FF-FF-FF-FF-FF-FF

Sur un réseau local de type Ethernet, Une adresse physique sur six octets, permet d'**identifier l'interface réseau**. Les trois premiers octets de cette adresse sont attribués par l'IEEE pour identifier le constructeur du matériel. Les trois octets restants sont laissés à la disposition du constructeur.

La liste exhaustive des préfixes d'adresses MAC attribués aux constructeurs (OUI - Organizationally Unique Identifiers) peut être consultée à partir de l'URL suivante http://standards.ieee.org/regauth/oui/index.shtml.

Cette adresse est utilisée chaque fois qu'une station, ou plutôt sa carte réseau, a besoin d'émettre une trame vers une autre carte réseau.

Il est néanmoins possible d'envoyer un paquet non pas à une, mais à plusieurs cartes en remplaçant l'adresse unique du destinataire par une adresse multiple (souvent une adresse de diffusion, soit FFFFFFFFFFFF, c'est-à-dire tous les bits des six octets mis à 1).

Ainsi, toute adresse référençant plusieurs hôtes verra le premier bit de l'octet de poids fort à '1', à '0' dans le cas contraire.

Une adresse attribuée par l'IEEE verra le deuxième bit de de l'octet de poids fort à '0', tandis qu'une valeur '1' précisera que l'adresse correspond à une adresse non normalisée.

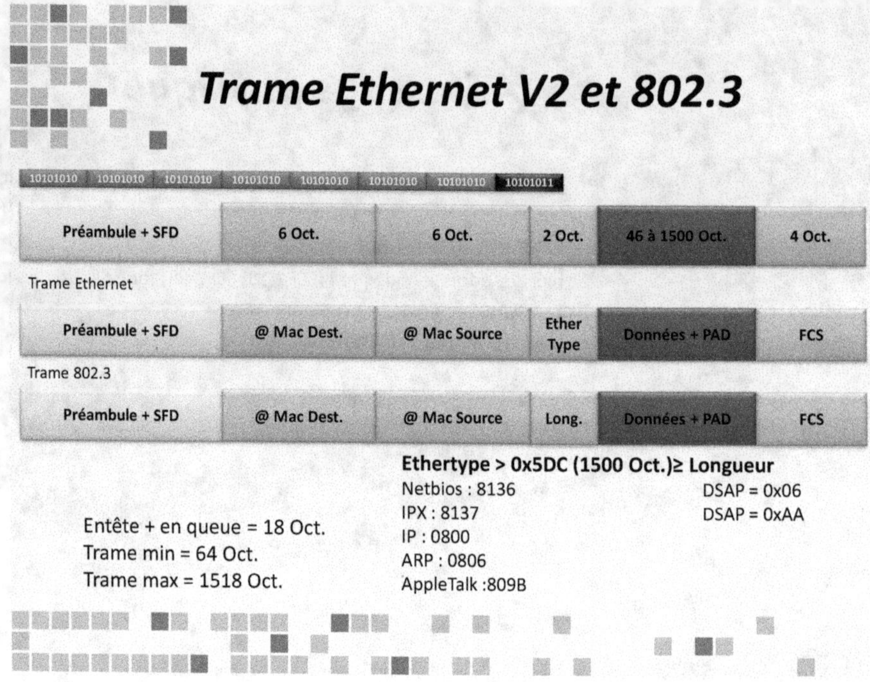

La trame Ethernet V2, diffère légèrement de celle 802.3, est constituée de trois parties. L'en-tête commence par un préambule, sur 7 octets, qui permet la synchronisation. Ensuite, un délimiteur de début de trame (SFD - Start Frame Delimiter), sur un octet, indique le début de la trame.

Celles-ci sont d'abord constituées des adressages source et destination. Un champ EtherType, sur 2 octets, précise le protocole de couche supérieure utilisé. Il n'existe pas en 802.3, et son utilisation permet de se passer de l'usage de LLC. Par exemple, ce champ notifie la valeur 0800 pour TCP/IP.

Le champ de données, contient les informations de niveau 3, il doit avoir une taille minimale de 46 octets. Des bits de bourrage (padding) peuvent être ajoutés pour atteindre cette valeur. La taille maximale des données est de 1500 octets, cette valeur représente le Maximum Transfert Unit (MTU).

Enfin, un code de contrôle d'erreur Cyclic Redundancy Code (CRC) complète la trame d'un en queue et délimite la fin de trame Frame Check Sequence (FSC).

3.3   Le protocole ARP

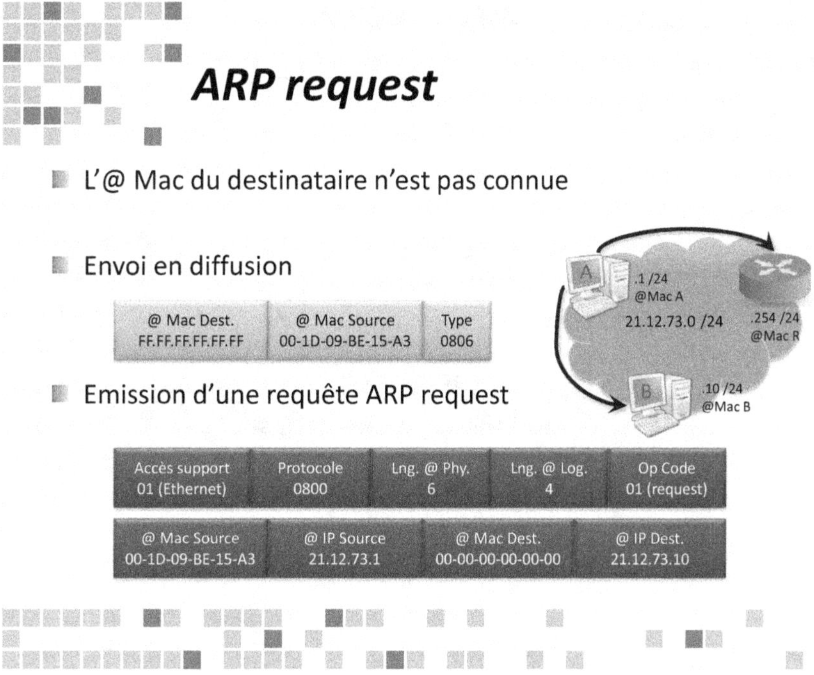

ARP est un protocole de la couche 3, qui s'encapsule par conséquent dans la trame. L'adresse de destination est une diffusion, le champ type prend alors la valeur 0x806.

Le champ Hardware Type précise la nature du réseau physique, « 01 » dans le cas d'Ethernet.
Le champ Protocol Type précise la nature du réseau logique, « 0x0800 » dans le cas de IP.
Le champ Operation Code nous précise qu'il s'agit de la question (01 – ARP request).
Le champ HLen (Hardware Length) nous donne la longueur des adresses physiques exprimées en octets, 6 dans le cas présent.
Le champ Plen (Protocol Length) nous donne la longueur des adresses logiques exprimées en octets, 4 dans le cas présent.

Suivent respectivement, l'adresse source physique, l'adresse source logique, l'adresse cible physique, qui a pour valeur 00-00-00-00-00-00, et l'adresse cible logique.

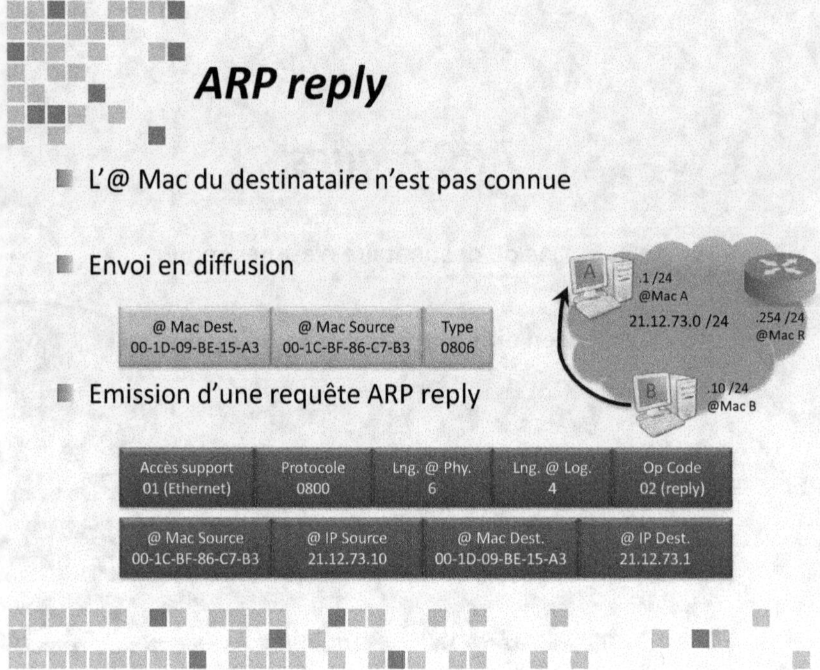

L'adresse de destination est cette fois unicast.

Le champ Operation Code nous précise qu'il s'agit de la réponse (02 – ARP reply).
Les champs d'adresses sont tous unicast.

Cache ARP

- A la réception de la réponse ARP, la station A met à jour une table de correspondance temporaire

- Il en est de même pour la station B, lors de la réception de la requête ARP.

Table ARP station A	
21.12.73.10	00-1C-BF-86-C7-B3
21.12.73.254	00-2F-01-4B-22-F3
Table ARP station B	
21.12.73.1	00-1D-09-BE-15-A3

Pour comprendre l'intérêt d'ARP, il faut intégrer sa capacité d'apprentissage. La table contient les différents correspondances @IP-@MAC apprises lors des requêtes successives.

Dès lors qu'une station aura la correspondance dans son cache ARP, elle pourra construire directement la trame.

Le processus ARP ne génère qu'une requête de découverte, elle vaut pour tous les besoins qui concernent cette adresse IP.

À chaque correspondance ajoutée dans le cache est associé un temporisateur qui, arrivé à expiration, provoque l'effacement de la correspondance. La définition de la durée de vie en cache est du ressort de l'implémentation.

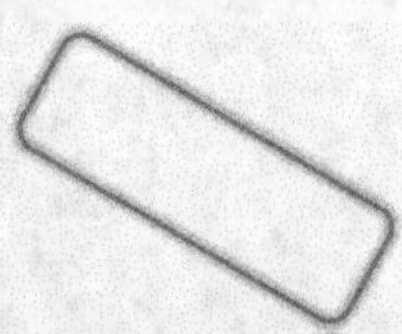

La commande ARP

- La plupart des systèmes d'exploitation fournissent une commande arp

- Permet de manipuler les associations @physique - @logique du cache arp

- Voici la syntaxe de la commande dans le cas des systèmes Windows :

```
C:\> arp -s @IP @MAC [if_addr]
C:\> arp -d @IP [if_addr]
C:\> arp -a [@IP] [-N if_addr]
```

-a (all)

Affiche les associations en cours

Si @IP est spécifié, seule l'association correspondante est affichée.

Si if_addr est précisé, seules les entrées de l'interface réseau spécifiée sont affichées.

d (delete)

Supprime les associations de l'hôte spécifié par @IP. Le caractère générique « * » est supporté et permet de supprimer toutes les associations.

-s (set)

Ajoute une association entre @IP et @MAC. L'adresse physique est donnée sous forme de six groupes de deux caractères hexadécimaux séparés par des tirets. L'entrée est permanente (jusqu'au prochain redémarrage de la machine. Pour obtenir une véritable permanence, il faut créer un fichier de commande « .bat » qui s'exécutera pendant l'initialisation).

Pollution du cache ARP

- Le protocole ARP est vulnérable aux attaques fondées sur l'envoi de messages ARP erronés

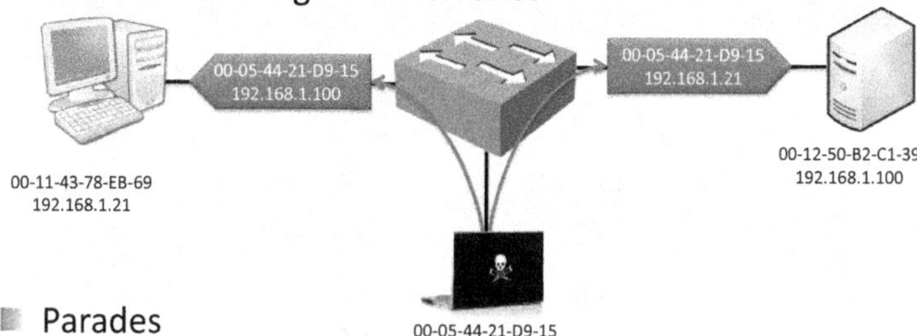

- Parades
  - Entrées statiques
  - Surveillance de ports

3.4 Le protocole PPP

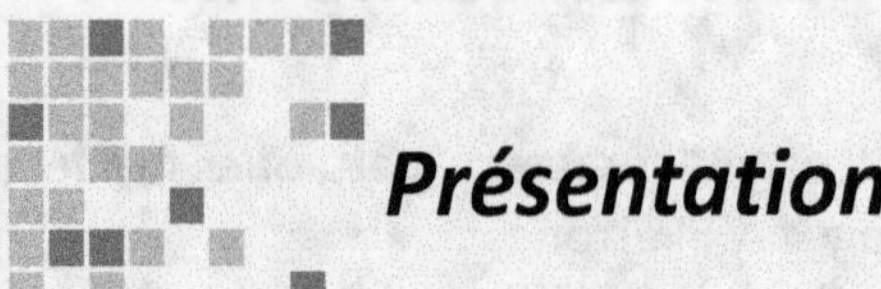

Présentation

- Protocole standardisé inspiré de HDLC
- Dispose d'un champ permettant d'indiquer le type d'informations transportées dans le champ données

- Constitué de deux couches :
  - LCP : permet d'établir, de configurer et de terminer la connexion point à point.
  - NCP : permet d'établir et de configurer différents protocoles de la couche réseau

PPP est un protocole de la couche liaison standardisé dans la RFC 1661. Il est fortement inspiré de HDLC.

Sa principale différence par rapport à HDLC est la présence dans son en-tête d'un champ permettant d'indiquer le protocole encapsulé.

L'établissement d'une connexion passe par deux phases gérées par deux couches du protocole :

LCP (Link Control Protocol) : ce protocole permet de négocier des paramètres d'établissement de la connexion. Il permet notamment la négociation d'une phase d'authentification.

NCP (Network Control Protocol) : ce protocole négocie des paramètres pour les protocoles de la couche 3 encapsulés dans la trame.

Ces fonctionnalités (possibilité de transporter différents protocoles, authentification...) font que PPP est très utilisé non seulement sur les lignes louées mais aussi sur les connexions à commutation de circuit.

PPP peut être configuré sur un large éventail d'interfaces physiques :

* Ligne série asynchrone

* Ligne série synchrone

* Interface série à haute vitesse (HSSI)

* RNIS

Structure en couche

	IPCP	IPXCP	CDPCP	Couche Réseau
PPP	**Network Control Protocol**			Couche Liaison
	Authentification et autres options			
	Link Control Protocol			
	Medium physique			Couche physique

PPP inclut la couche liaison de données et des services de la couche réseau.

LCP permet la négociation de paramètres au niveau de la couche liaison. Cette phase doit être terminée avant de pouvoir passer au stade suivant.

C'est-à-dire la négociation des paramètres des protocoles réseau encapsulés. NCP est responsable de cette négociation. Ce protocole est constitué de plusieurs modules, chacun prenant en charge les paramètres du protocole réseau associé. Ainsi les paramètres IP sont négociés par IPCP (IP Control Protocol), tandis que les paramètres IPX le sont par IPXCP.

LCP : Link Control Protocol

- Authentification : CHAP, PAP.

- Compression : Stacker, Predictor

- Détection d'erreur : Quality and Magic number

- Multilink : MLP

La couche LCP permet donc la négociation de paramètres de la couche liaison. Nous pouvons notamment citer :

Authentification : LCP permet aux entités de négocier une méthode d'authentification. Les deux méthodes disponibles sont PAP et CHAP. Si une authentification est nécessaire mais qu'elle échoue, la connexion ne peut s'établir.

Compression : Après l'établissement de la connexion LCP, le CCP (Compression Control Protocol, défini dans la RFC 1962) permet la négociation d'une méthode de compression. Deux méthodes ont été définies : Predictor (RFC 1978) et Stacker basé sur LZS (RFC1974).

Quality and Magic Number : LCP permet de négocier une méthode de surveillance de la qualité du lien. Le « magic number » permet de détecter les boucles ou autres problèmes au niveau de la couche liaison de données.

Multi Link PPP : défini dans la RFC 1990. Permet l'équilibrage de charge sur les interfaces utilisées par PPP. A été développé au départ pour permettre l'utilisation de plusieurs canaux B RNIS pour une connexion PPP. Mais il peut aussi être utilisé sur plusieurs interfaces asynchrones par exemple. Pour cela MLP permet la fragmentation des paquets et leur répartition sur les différentes interfaces ou canaux B. Le paquet arrivé à destination pouvant être reconstitué.

Etablissement d'une session

- Phase d'établissement du lien (négociation LCP)

- Authentification si celle-ci a été négociée par LCP.

- Phase de négociation pour le protocole de la couche réseau (NCP)

L'établissement d'une connexion PPP s'effectue en trois phases :

Dans un premier temps, LCP permet la négociation de paramètres de la couche liaison. Cette négociation s'effectue par échange de paquets LCP. Les paramètres pouvant être négociés sont par exemple : la compression de certains champs, le protocole d'authentification, l'utilisation ou non de MLP...

Si l'authentification a été négociée durant de la première phase, c'est à ce point qu'elle doit être effectuée. Si jamais, celle-ci échoue la connexion ne va pas plus loin.

La phase de négociation du protocole de la couche réseau. Un échange de paquets NCP est effectué pour choisir et configurer un ou plusieurs protocoles de la couche réseau. Par exemple IPCP permet d'attribuer une adresse IP et d'utiliser la compression Van Jacobson des en-têtes IP-TCP. Une fois la négociation effectuée pour le protocole de la couche réseau, des datagrammes de ce protocole peuvent être transportés.

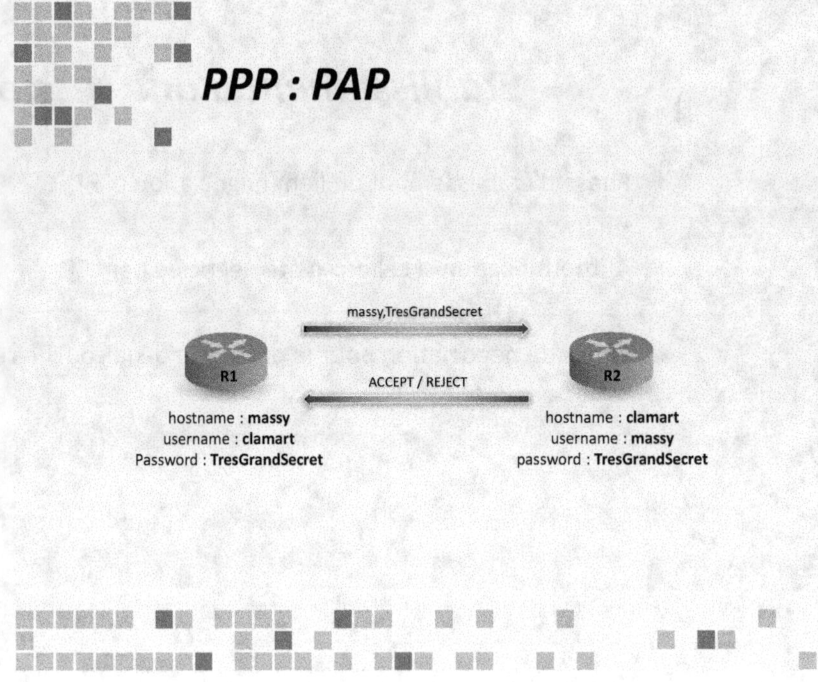

PAP (Password Authentication Protocol) est un protocole extrêmement simple : l'entité devant s'authentifier envoie son nom et son mot de passe en clair. L'entité effectuant l'authentification envoie alors un acquittement en cas d'acceptation.

L'entité demandant à s'authentifier contrôle les tentatives : elle doit envoyer son nom et son mot de passe jusqu'à l'acceptation de ceux-ci.

Le mot de passe est envoyé en clair

Cette méthode ne permet pas de renégocier une authentification en cours de conversation. Celle-ci a lieu au moment de l'établissement de la connexion.

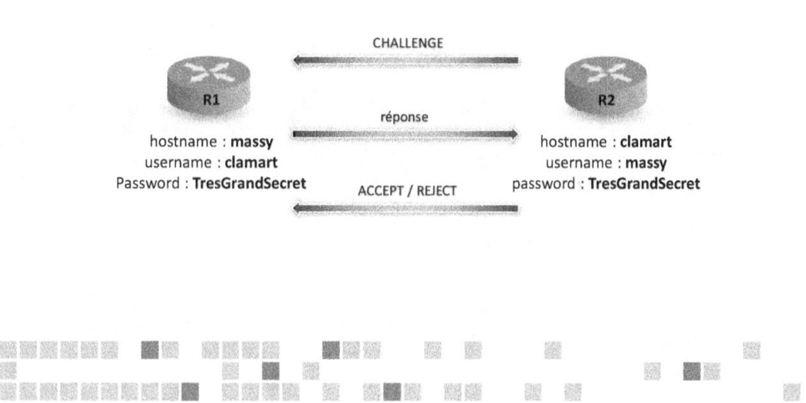

CHAP (Challenge Handshake Authentication protocol) permet d'authentifier un pair sans pour autant que celui-ci envoie son mot de passe en clair.

L'authentification s'effectue comme suit :

- Une fois la connexion LCP établit, l'authentifiant envoie un challenge. Celui-ci est un nombre aléatoire unique (sa taille recommandée est au minimum de 16 octets). Dans le paquet contenant le challenge sont aussi inclus :
    * Un identifiant (de 1 octet) changé à chaque envoi d'un challenge.
    * Le nom du système envoyant le paquet.

2. A la réception du challenge, le pair doit calculer la réponse à celui-ci. Réponse=MD5 (Identifiant, « TresGrandSecret », CHALLENGE). Le paquet contenant la réponse contient aussi :
    * L'identifiant recopié du paquet contenant le CHALLENGE
    * Le nom du système envoyant le paquet

3. A la réception de la réponse, l'authentifiant connaissant lui aussi le secret recalcule la réponse et compare son calcul à celui du pair.

4. A des intervalles aléatoires, l'authentifiant peut envoyer un nouveau CHALLENGE au pair.

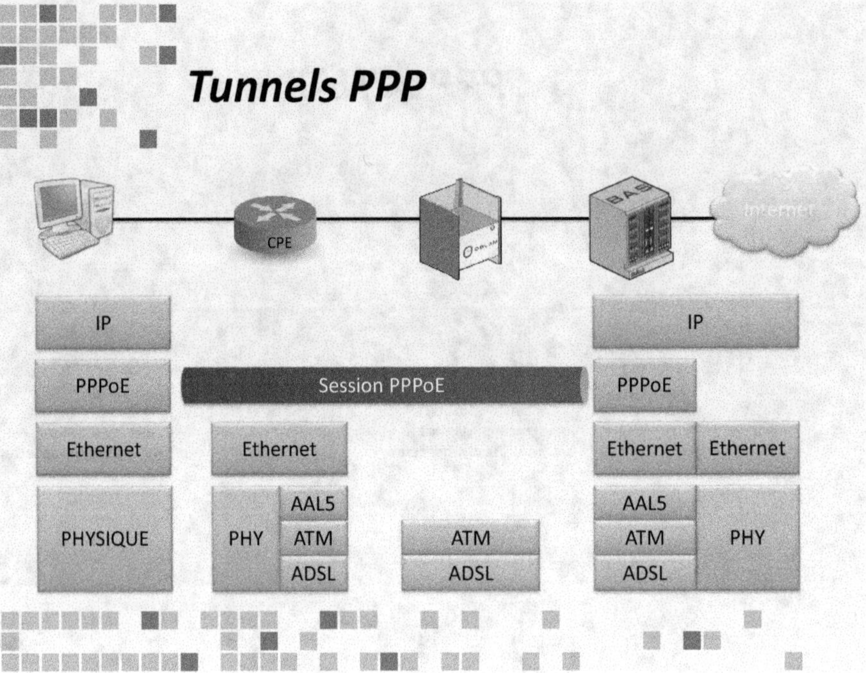
Tunnels PPP
CPE
BAS
Internet
IP
PPPoE
Session PPPoE
PPPoE
IP
Ethernet
Ethernet
Ethernet
Ethernet
PHYSIQUE
PHY
AAL5
ATM
ADSL
ATM
ADSL
AAL5
ATM
ADSL
PHY

3.5   Le relais de trame (FR)

Présentation

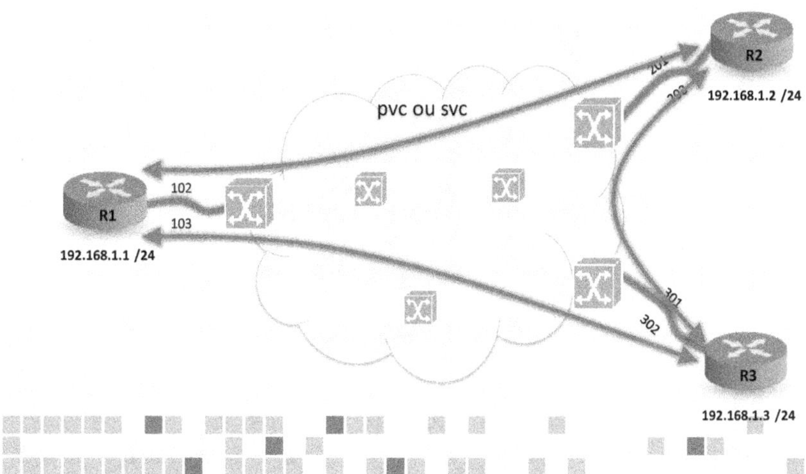

Frame Relay est un protocole de niveau trame très utilisé de nos jours pour la connexion inter sites. Son faible coût, comparé à une liaison louée, est la principale raison de cette popularité.

Frame Relay, bien qu'étant un protocole de niveau trame reprend certaines des fonctionnalités du niveau paquet :

L'adressage : chaque trame dispose d'un identifiant appelé DLCI (Date Link Connection Identifier). Le DLCI permet le multiplexage et démultiplexage des trames. Nous y reviendrons par la suite.

Le routage : au sein d'un réseau Frame Relay, les commutateurs disposent de table de commutation : à un DLCI en entrée sur une interface correspond un autre DLCI en sortie. Il est ainsi possible de créer des circuits virtuels basés sur les DLCI contenus dans les trames. Il existe deux types de circuits virtuels :

- **Les PVC (Permanent Virtual Circuit)** : circuits virtuels établis de manière permanente par l'opérateur. Les tables de commutation sont statiques. Qu'il y ait ou non une communication en cours, le circuit est établi.

- **Les SVC (Switched Virtual Circuit)** : ces circuits sont créés de manière dynamique lorsqu'une connexion est nécessaire.

Contrôle de Flux : Lorsqu'un commutateur de relais de trame détecte une congestion du réseau (d'après un seuil déterminé par l'opérateur), il peut en informer les parties concernées. Pour cela il envoie des notifications de congestion, celles-ci sont spécifiées dans les trames elles-mêmes :

- Une trame ayant le bit FECN de mis sera envoyée en direction du destinataire

- Tandis qu'une trame ayant le bit BECN de mis sera envoyée vers l'expéditeur.

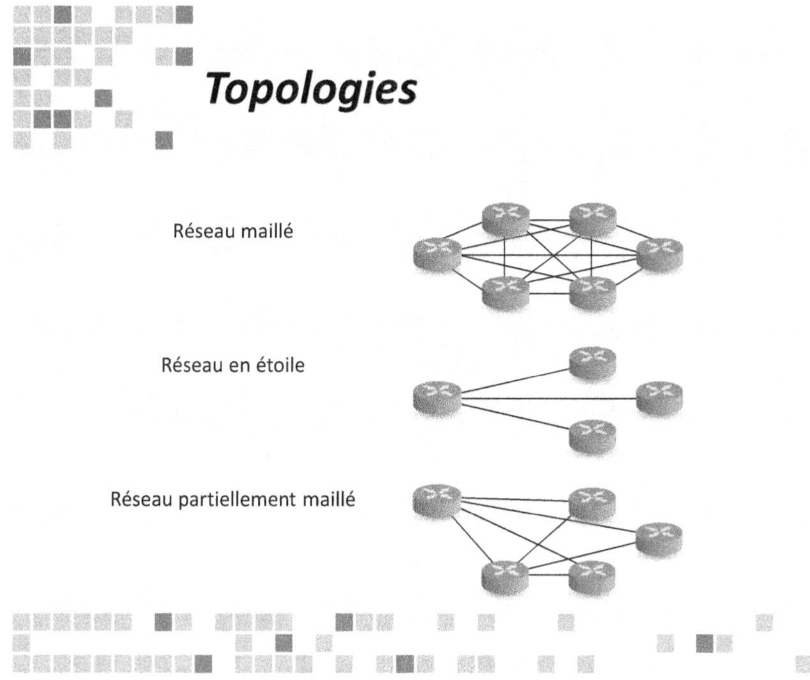

Remarque : Les liaisons ci-dessus représentent des PVC et non des liens physiques.

Il existe trois topologies possibles pour les réseaux Frame Relay :

Réseau Maillé : chaque site peut communiquer directement avec l'ensemble des autres sites. Cela nécessite pour chaque site (n-1) PVC. Cette topologie a pour principal intérêt d'offrir une redondance dans les connexions. Cependant, cette approche n'est pas très flexible. L'ajout d'un site nécessite la création d'un nouveau PVC sur chacun des autres sites.

Réseau en étoile : seul un site peut communiquer avec l'ensemble des autres sites. Le site central est appelé HUB, les sites périphériques sont des SPOKES. L'ajout d'un nouveau site nécessite de définir un nouveau PVC entre celui-ci et le HUB. Les autres sites ne sont pas impactés. Cependant, si le site principal connaît un problème de connexion, l'ensemble des communications est impacté.

Réseau partiellement maillé : seuls quelques sites peuvent communiquer avec l'ensemble des autres sites. Cette topologie offre les avantages des deux autres topologies, il s'agit de la topologie la plus souvent rencontrée :
*   L'ajout d'un nouveau site n'impacte qu'un nombre restreint de sites
*   La perte de connexion avec un site ne signifie pas l'impossibilité de communiquer pour l'ensemble des sites.

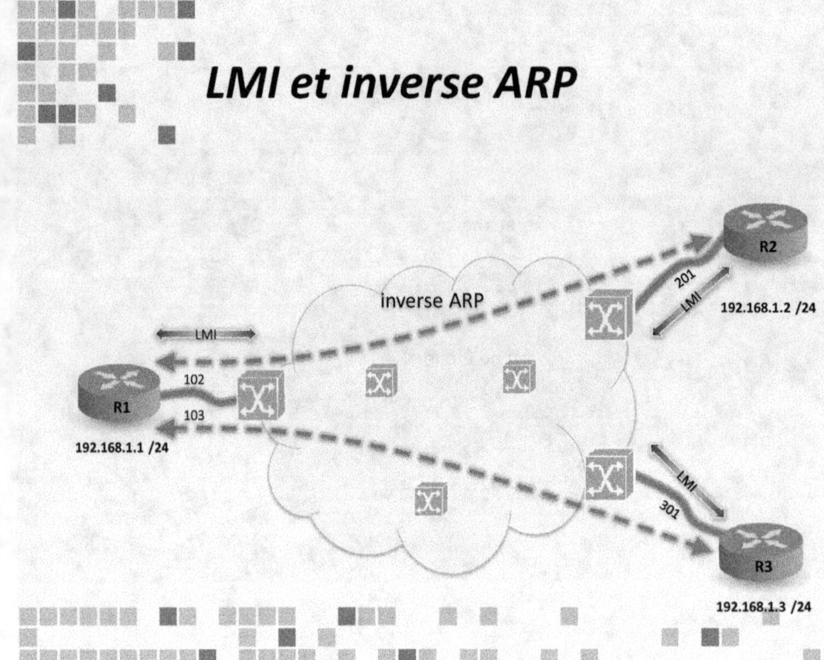

Deux protocoles permettent de faciliter le déploiement et l'administration des réseaux FR.

Il s'agit de LMI (Local Management Interface) et de Inverse ARP.

LMI est un protocole dont les échanges s'effectuent entre le routeur et le commutateur FR. Il permet d'indiquer automatiquement les PVC configurés et leur état. Ainsi, il est inutile de configurer explicitement sur chaque routeur les DLCI valides ; ceux-ci sont annoncés automatiquement par le commutateur en utilisant LMI.

Par défaut les échanges LMI ont lieu toutes les 10 secondes entre le routeur et le commutateur. Ces échanges jouent le rôle de keepalive pour les PVC.

Les différents états possibles pour un PVC sont :

- **Active** : La connexion fonctionne et les routeurs l'utilisent pour s'échanger des données,
- **Inactive** : La connexion entre le routeur et le commutateur local fonctionne, mais le routeur distant ne peut être joint,
- **Deleted** : Aucune information LMI n'est reçue du commutateur Frame Relay.

Inverse ARP construit les correspondances entre les adresses de niveau 3 et les DLCI.

Pour chaque DLCI appris et actif, le routeur va envoyer une requête inverse ARP. Arrivée au routeur distant, celui-ci envoie une réponse contenant son adresse de niveau 3.

Le routeur peut ainsi construire une table de correspondance DLCI – adresse de niveau 3. Si nous prenons le routeur R1, les correspondances seraient les suivantes :

DLCI   Adresse IP

102   192.168.1.2

103   192.168.1.3

Par défaut, inverse ARP est activé et les échanges ont lieu toutes les 60 secondes.

3.6   L'ATM

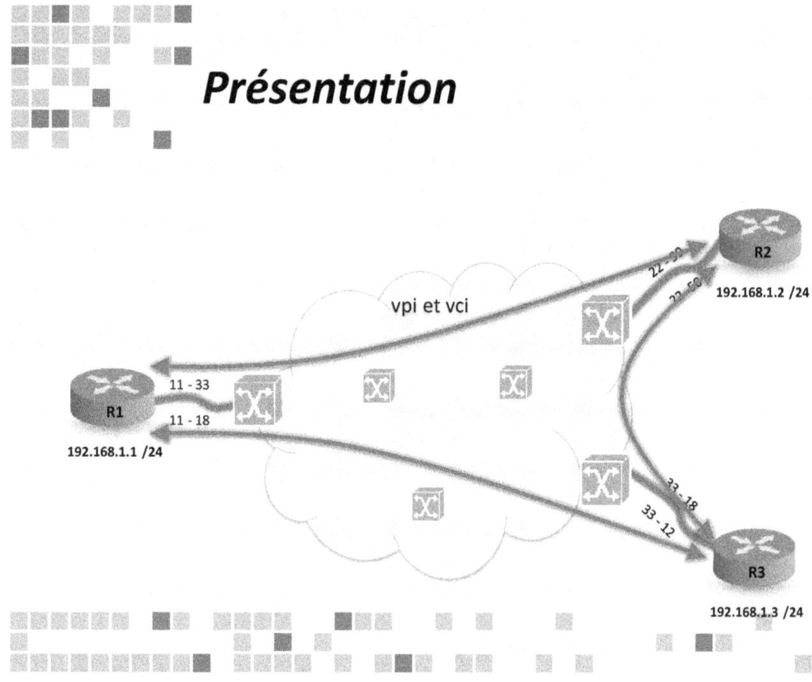

Le réseau ATM utilise en interne un adressage identifiant les voies virtuelles. Afin d'assurer des performances optimales de commutation, ATM met en œuvre en interne une technique d'adressage à deux niveaux :

*a) Le VCI (*Virtual *Chanel Identifier),*
Le premier niveau identifie la voie virtuelle, le VCI. Le VCI est une connexion semi-permanente ou établie à chaque appel.

*b) Le VPI (*Virtual *Path Identifier)*
Le second niveau regroupe un ensemble de conduits virtuels ayant la même destination (commutateur intermédiaire) en un faisceau virtuel, le VPI. Le VPI est une connexion semi-permanente contrôlée par le réseau. Les VPI permettent d'alléger les tables d'acheminement des commutateurs puisque chaque canal virtuel n'a plus besoin d'être routé, mais c'est le conduit virtuel qui est routé. Ceci permet une plus grande rapidité de traitement des adresses, et une réduction des tables d'acheminement. Certains commutateurs ne routent que les VPI ils sont nommés brasseur.

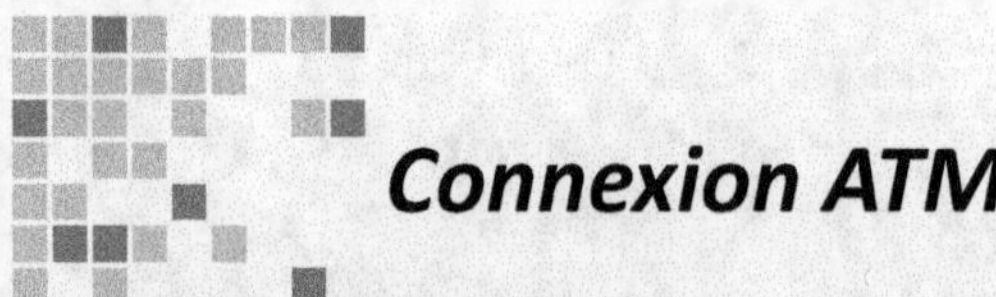

Connexion ATM

- ATM est orienté connexion. Le "routage" est établi durant la phase établissement de la connexion.
  - Il s'agit d'établir une voie virtuelle logique entre les deux extrémités.

- Il alloue un VCI (Virtual Channel Identifier) et/ou un VPI (Virtual Path Identifier) et les ressources nécessaires pour garantir le débit demandé.

- Ainsi, chaque connexion est identifiée par un numéro Elle est identifiée par un nombre, le VCN (Virtual Connection Number), couple VPI/VCI.

- Le VPI correspond à un groupe de VCI empruntant le même chemin virtuel. Cette hiérarchie à deux niveaux facilite le routage et la commutation dans le réseau.

Une connexion ATM est composée de trois phases :

- L'établissement de la connexion ;

- Le transfert de données à travers le canal virtuel établi ;

- La libération de la connexion ;

En mode commuté le message **setup** est émis sur le VPI/VCI **0/5**

Le numéro de VCN (**V**irtual **C**onnection **N**umber) est attribué localement par le commutateur pendant la phase de connexion qui aura à charge de maintenir et de gérer la correspondance entre le VCI entrant et le VCI sortant d'une connexion.

Contrairement au STM (**S**ynchronous **T**ransfer **M**ode), cette technique (similaire à ce qui est utilisé dans X.25 avec les NVL) n'effectue pas de réservation de BP.

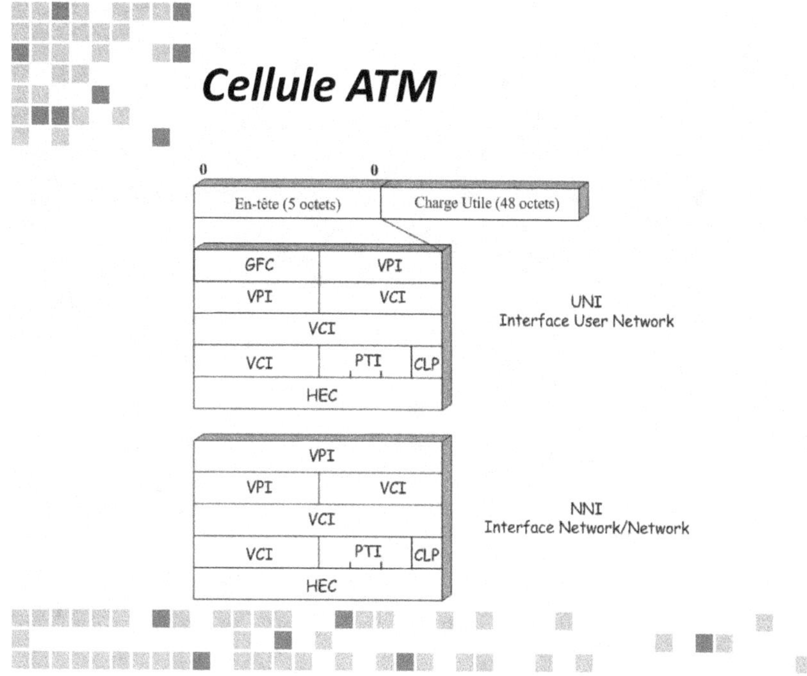

Cellule UNI a l'interface Utilisateur Réseau (user to network Interface)

Champ GFC Generic Flow Control : non défini doit être mis à 0

Inutile dans le réseau ce champ est utilisé pour étendre le champ VPI

VCI (Virtual Channel Identifier)

VPI (**V**irtual **P**ath Identifier)

PTI Payload Type Indication du type de charge contenue dans le champ données

     Bit3 = 0 : données utilisateur

     Bit3 = 1 : données sont d'origine réseau.

CLP Cell Loss Priority indique les cellules à éliminer en priorité.

3.7 MPLS

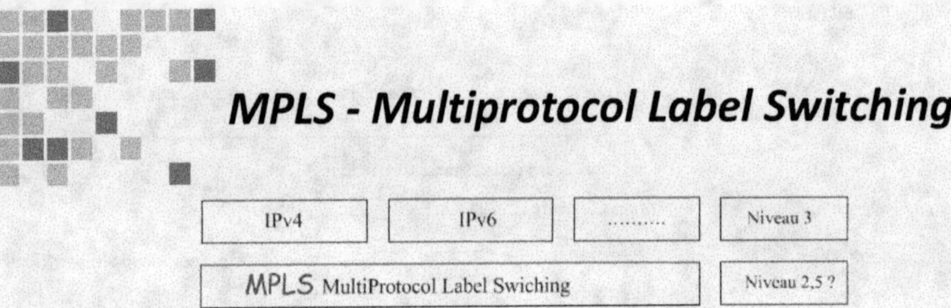

- Normalisé par l'IETF(Internet Engineering Task Force), c'est un protocole à commutation de Labels

- Combiner les concepts de routage IP, et les mécanismes de commutations (ATM, FRAME RELAY)

- En 2011 Les applications s'appuient majoritairement sur la pile protocolaire TCP/IP

- Les réseaux de transport s'appuient sur un protocole en mode connecté (X.25, Frame Relay ou ATM)

- MPLS associe la souplesse du routage de niveau 3 à l'efficacité de la commutation de niveau 2

Fonctionnement d'un réseau MPLS

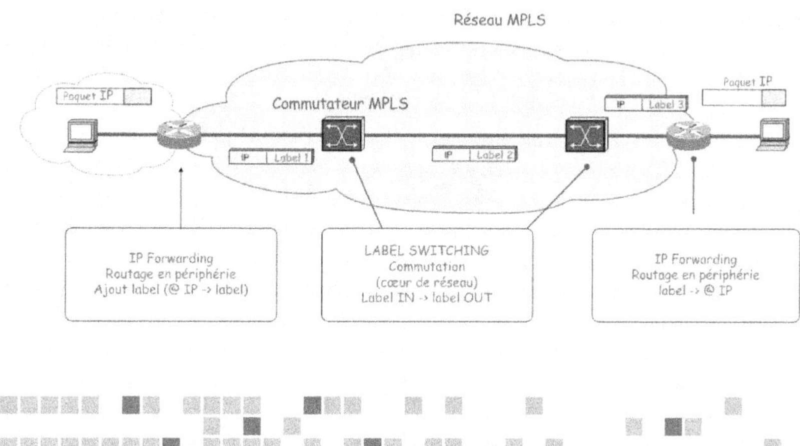

Acheminement d'u paquet IP dans un réseau MPLS

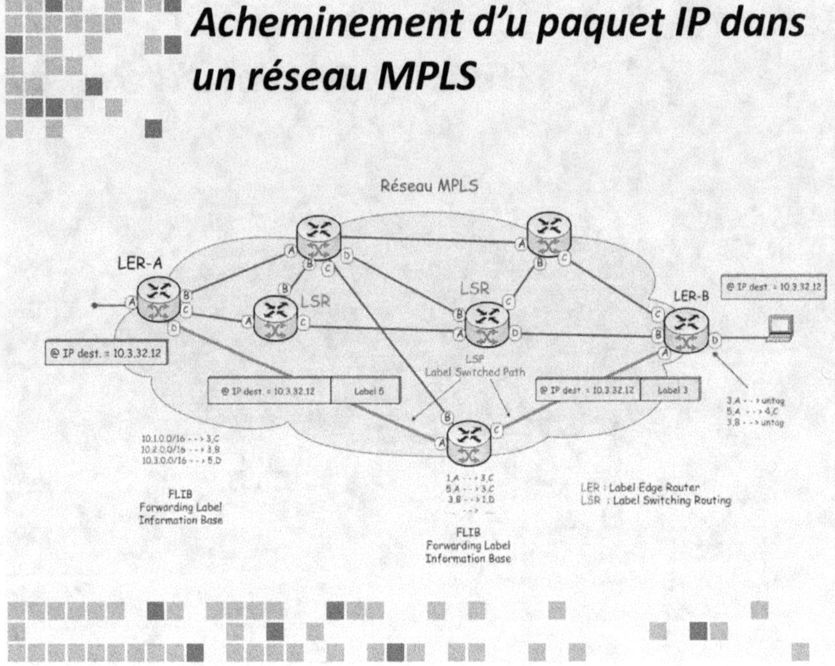

A l'entrée du réseau MPLS (LER A Label Edge Router A), les paquets IP se voit insérer un label par un Label Edge Routeur (Ingress LER).

Ce sont les routeurs MPLS se situant à la périphérie du réseau.

Ce paquet labelisé est ensuite commuté vers le cœur du réseau selon son numéro de label.

Les routeurs MPLS du cœur de réseau, les Label Switch Routeur, commutent ensuite les labels jusqu'au LER de sortie (Egress LER)

Le chemin qui a été pris par le paquet au travers du réseau s'appelle un Label Switched Path (LSP).

Nous allons maintenant voir, comment se fait la décision d'attribuer un label particulier à un paquet IP. Ensuite nous allons voir comment sont échangés les Labels entre les LSR, car des échanges sont indispensables pour construire les LSP et les tables de commutation.

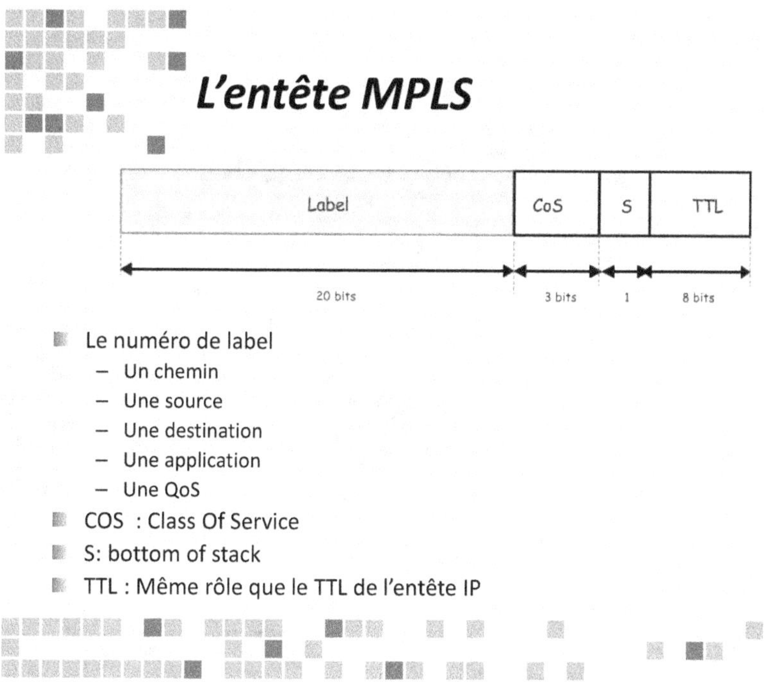

- Le numéro de label
  - Un chemin
  - Une source
  - Une destination
  - Une application
  - Une QoS
- COS : Class Of Service
- S: bottom of stack
- TTL : Même rôle que le TTL de l'entête IP

L'entête MPLS fait 4 octets.

CoS : Chaque paquet labelisé peut se voir attribuer une Class of service, afin de permettre différentes« discard politics » ou « scheduling politics ». (La RFC précise que c'est un champ encore expérimental).

S: bottom of stack, champ à 1 quand le dernier label de la pile est atteint. On verra par la suite que l'on peut empiler les labels (par exemple pour créer des Tunnels entre LSR ou LER).

TTL : Même rôle que le TTL de l'entête IP. Étant donné que l'entête IP n'est pas regardée dans tout le backbone MPLS, la valeur du TTL est recopié dans l'entête MPLS à l'entrée du réseau par le Ingress LER. Ensuite, à chaque commutation par un LSR, le TTL est modifié.

La valeur TTL de l'entête MPLS est ensuite recopiée dans l'entête IP à la sortie du réseau MPLS par le Egress LER.

4   Les protocoles de transport

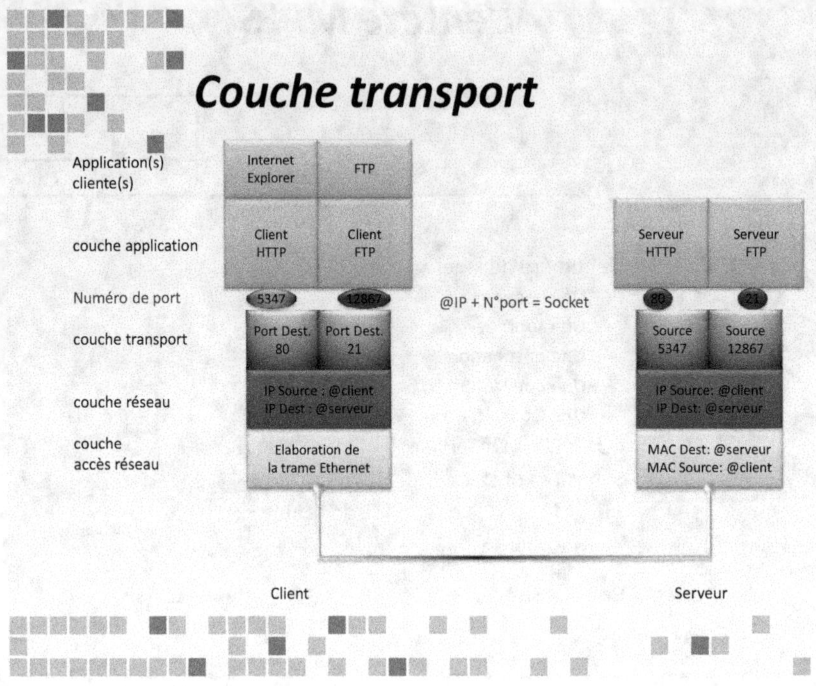

Identification des applications, multiplexage des connexions et mode connecté (TCP) ou non connecté UDP sont les mécanismes gérés par les protocoles de transport.

Un client HTTP veut établir une connexion sur un serveur web.
Le système va attribuer un numéro de port supérieur à 1024 pour identifier l'application en local de manière unique. Tandis que le numéro de port identifiant le serveur est lui identifié et référencé (Well know ports).

Le serveur distant va pouvoir identifier l'application de la machine cliente grâce au couple @IP/n°port, un socket. Le socket permet lors de plusieurs connexions sur la même machine et le même service, d'identifier les machines distantes.

Lorsqu'une autre application cliente, FTP sur notre exemple, va vouloir se connecter sur le serveur, elle sera identifiée par un autre port en local attribué dynamiquement par le système.

4.1   UDP

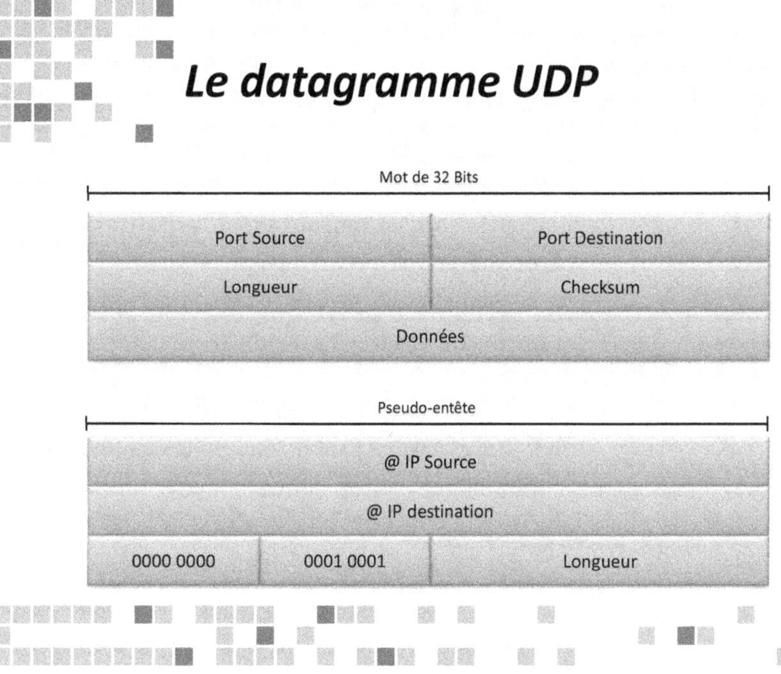

La somme de contrôle est facultative et maintenue à zéro quand elle n'est pas utilisée. Dans le cas contraire, elle est calculée sur un ensemble résultant de la concaténation d'un pseudo en-tête et du datagramme UDP, éventuellement complété par un octet de zéros si la longueur du datagramme n'est pas multiple de 16 bits. Une somme calculée à zéro est enregistrée avec tous les bits à 1 (65535), ce qui évite de la confondre avec une somme non calculée. Le mode de calcul est identique à celui de la somme de contrôle de l'en-tête IP déjà décrit.

Le logiciel UDP de la destination atteinte compose un pseudo en-tête à l'aide des adresses IP source et destination contenues dans le datagramme IP qui a transporté le datagramme UDP, puis recalcule une somme de contrôle. En cas d'égalité, le datagramme est intègre et la destination atteinte (adresse IP, protocole UDP et port logiciel) est bien la destination attendue.

Services UDP

- UDP fournit un service sans connexion de transmission de message sur des machines interconnectées sous IP

- La qualité de service fournie est celle d'IP à savoir
  - Pas d'ordre
  - Pas de reprises en cas d'erreur, donc pas de message transmis

- UDP gère
  - Un service de désignation s'appuyant sur les ports
  - Un service d'intégrité basé sur un « pseudo-entête », il n'est donc pas indépendant d'IP

4.2 TCP

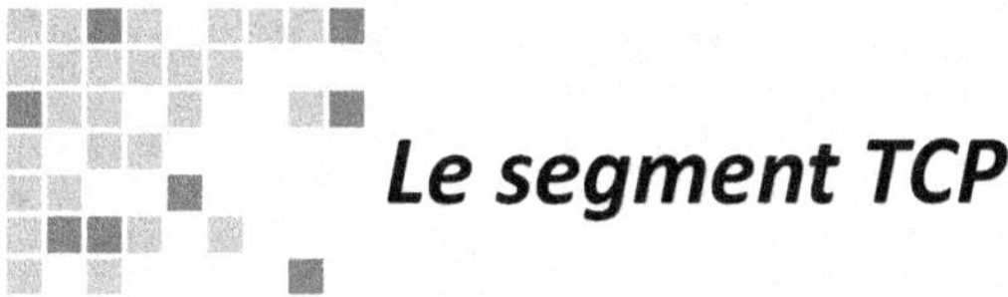

Mot de 32 Bits

Port Source	Port Destination
Numéro de séquence	
Numéro d'acquittement	

Longueur de l'entête	Réservé 0000	C W R	E C E	U R G	A C K	P S H	R S T	S Y N	E N D	Fenêtre

Checksum	Pointeur d'urgence
Options	Remplissage
Données	

Le numéro de séquence permet de repositionner les données transportées par le segment dans le flux d'octets à reconstituer du côté réception.

Le numéro d'accusé de réception indique le numéro de prochain octet attendu par le récepteur.

Le champ Data offset contient la longueur de l'en-tête du segment TCP.

CWR (Congestion Window Reduced),

ECE : « ECN Echo », ECN signifiant Explicit Congestion Notification,

URG : le pointeur urgent,

ACK : le champ Numéro d'accusé de réception,

PSH : utile à la fonction PUSH,

RST : réinitialise la connexion,

SYN : synchronise les numéros de séquence pendant la phase d'établissement de la connexion,

FIN : l'émetteur n'a plus de données à transmettre.

Le champ Window fournit la fonctionnalité Contrôle de flux.

Garantie TCP

- **Garantie de remise**
  - le flux généré par l'application émettrice est remis à l'application destinataire

- **Garantie d'intégrité**
  - le flux remis est identique au flux émis

- **Garantie de séquencement**
  - si le flux a fait l'objet d'une fragmentation, l'ordre dans lequel sont restitués les fragments permet de reconstituer le flux initial

La connexion de transport permet de voir, au niveau applicatif, le réseau comme un lien virtuel entre deux applications actives sur les systèmes d'extrémités. L'identification de ce « lien virtuel » est définie par l'association de différents identifiants qui garantissent l'unicité des processus.

Les serveurs ou les stations peuvent exécuter plusieurs applications et doivent donc être en mesure d'établir et de distinguer plusieurs connexions de transport. C'est le concept de port qui outre l'identification des applications autorise le multiplexage des connexions. Un port identifie l'extrémité de la connexion.

Un mécanisme d'établissement de connexion est mis en œuvre par TCP afin de « lier » les deux systèmes d'extrémités. Au contraire d'UDP où l'objectif est de remonter les informations au niveau supérieur.

TCP va garantir la délivrance des données en séquence, il en contrôle la validité et organise les éventuelles reprises sur erreur, enfin, il effectue un contrôle de flux de bout en bout et met en œuvre un mécanisme de détection et de gestion de la congestion.

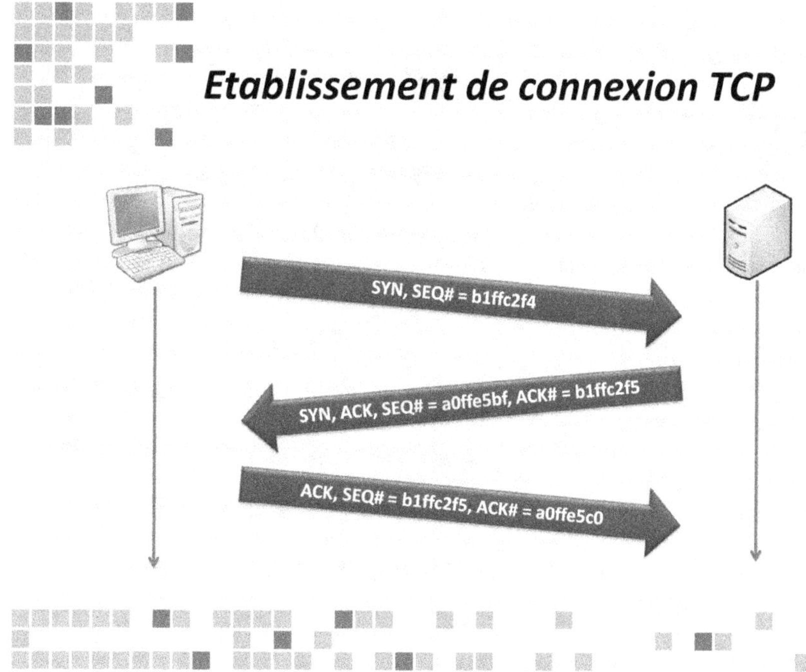

SYN

Ouverture de connexion généralement émis par le client

ACK et SYN

Acquittement à la demande SYN ouverture de connexion généralement émis par le serveur

ACK

Acquittement à la demande SYN généralement émis par le client

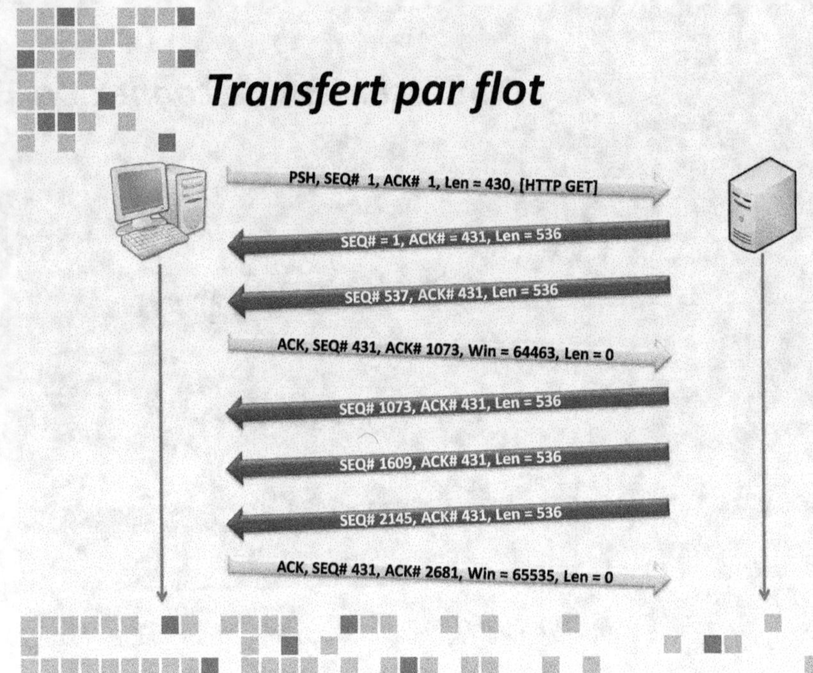

Transfert par flot
PSH, SEQ# 1, ACK# 1, Len = 430, [HTTP GET]
SEQ# = 1, ACK# = 431, Len = 536
SEQ# 537, ACK# 431, Len = 536
ACK, SEQ# 431, ACK# 1073, Win = 64463, Len = 0
SEQ# 1073, ACK# 431, Len = 536
SEQ# 1609, ACK# 431, Len = 536
SEQ# 2145, ACK# 431, Len = 536
ACK, SEQ# 431, ACK# 2681, Win = 65535, Len = 0

Notions de RTO et RTT

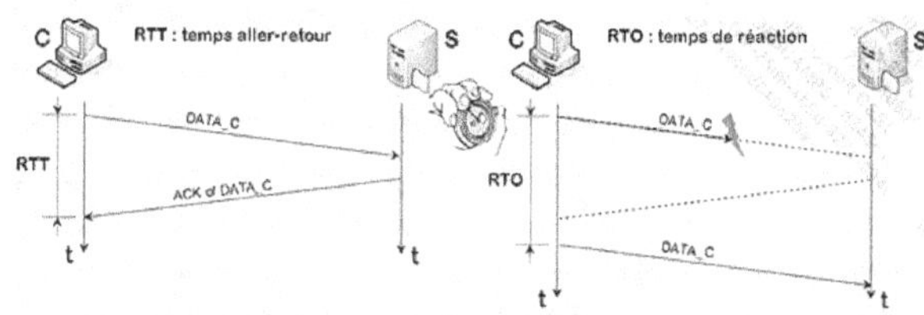

- Comment estimer le délai raisonnable d'attente (durée du RTO) ?
  - Trop petit => Retransmission à tort
  - Trop grand => délai augmenté, efficacité TCP réduite

- RTT varie selon la charge du réseau

Politique de retransmission

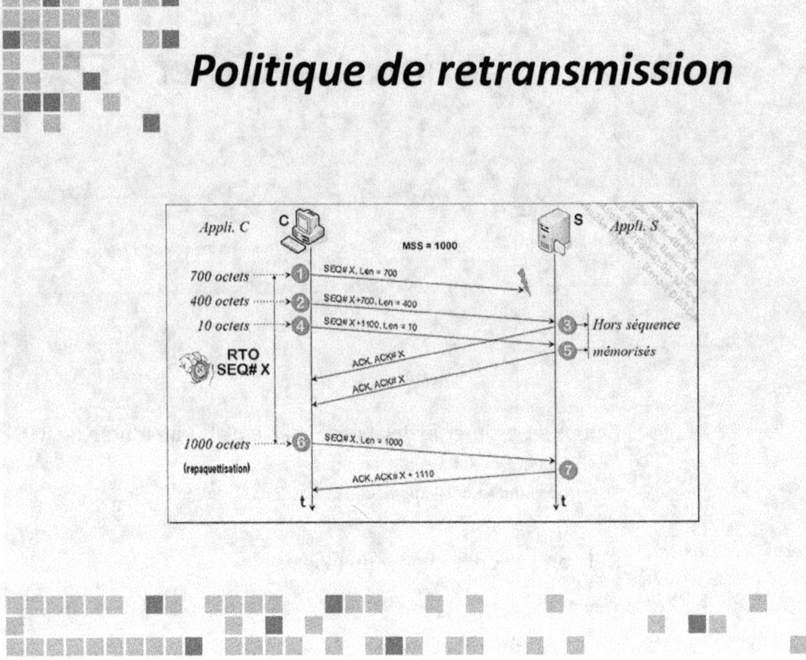

Outre la retransmission sur temporisateur expiré, cet exemple illustre deux autres traits du comportement de TCP :

Toutes les données hors séquence sont mémorisées par le destinataire. Le numéro d'acquittement passe ainsi directement de la valeur X à la valeur X+1110 dès que le destinataire a pu combler le « trou » dans la séquence d'octets en cours de reconstitution. Il faut se souvenir que le récepteur acquitte toujours les octets contigus.

Lorsqu'il retransmet, rien n'oblige l'émetteur à retransmettre un segment identique. TCP peut effectuer de la « repaquettisation », c'est-à-dire émettre un segment plus grand, ce qui peut contribuer à une meilleure performance. C'est l'un des avantages liés à l'identification des données par le numéro d'octet plutôt que par le numéro de segment. Ainsi, dans l'exemple, le segment perdu porte 700 octets, le segment retransmis porte 1000 octets dont les 700 manquants.

La commande netstat

La commande netstat permet d'obtenir des informations et statistiques à propos des connexions réseau TCP/IP en cours sur la machine.

```
netstat [-a] [-b] [-e] [-n] [-o] [-p protocole] [-r] [-s] [-v]
[intervalle]
```

-a : Affiche toutes les connexions et les ports d'écoute.

-b : Affiche les fichiers exécutables impliqués dans la création de chaque connexion ou port d'écoute.

-e : Affiche les statistiques Ethernet. Cette option peut être combinée avec l'option -s.

-n : Affiche les adresses et les numéros de port au format numérique.

-o : Affiche l'identificateur du processus propriétaire associé à chaque connexion.

-p protocole : Affiche les connexions pour le protocole spécifié ; protocole peut être une des valeurs suivantes : TCP, UDP, TCPv6 ou UDPv6. S'il est utilisé avec l'option -s pour afficher les statistiques par protocole, le protocole peut être une des valeurs suivantes : IP, IPv6, ICMP, ICMPv6, TCP, TCPv6, UDP ou UDPv6.

-r : Affiche la table de routage.

-s : Affiche les statistiques par protocole. Par défaut, les statistiques sont affichées pour IP, IPv6, ICMP, ICMPv6, TCP, TCPv6, UDP et UDPv6. L'option -p peut être utilisée pour spécifier un sous-jeu de la valeur par défaut.

-v : Lorsqu'elle est utilisée avec -b, cette option affichera la séquence des composants impliqués dans la création de la connexion ou du port d'écoute pour tous les fichiers exécutables.

Intervalle : Affiche régulièrement les statistiques sélectionnées, en faisant une pause pendant le nombre de secondes spécifié par l'intervalle entre chaque affichage. Appuyez sur [Ctrl] C pour arrêter l'affichage des statistiques. Si l'intervalle est omis, netstat n'affichera les informations de configuration actuelle qu'une seule fois.

5   Les équipements d'interconnexion

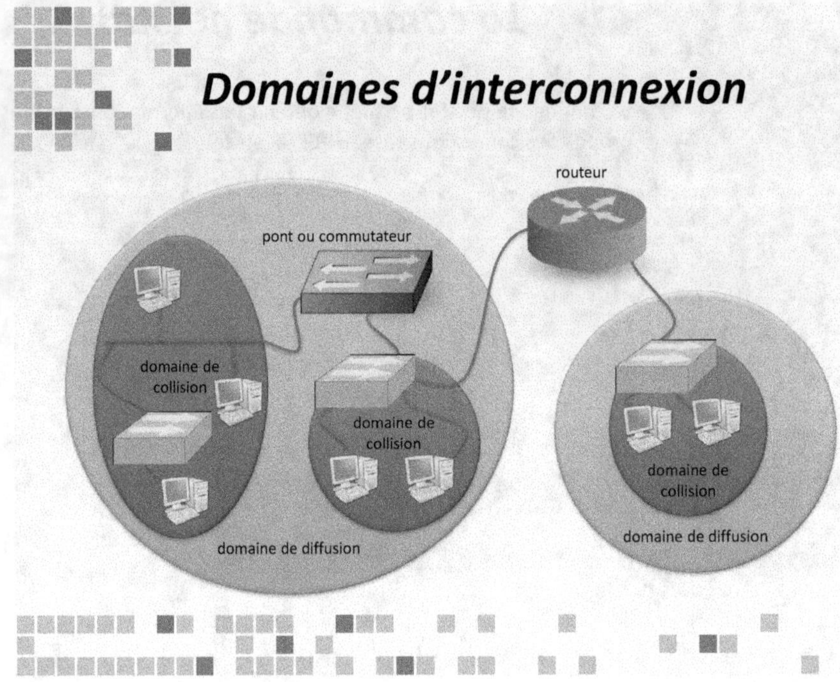

Toutes les topologies de réseau ont leurs limites physiques (longueur de segment, nombre de stations par segment, etc...). Des matériels vont donc être utilisés pour interconnecter les réseaux entre eux ou pour segmenter les réseaux de taille importante, en domaines plus petits.

Sur un réseau Ethernet, on va différencier deux types de domaines d'interconnexion.

Le domaine de collision identifie l'étendue maximale que couvre une trame sur le réseau physique. Avec une architecture Ethernet, insérer un pont sur un segment va couper en deux notre réseau et créer ainsi deux domaines de collisions, cela permet bien souvent de désengorger le réseau.

Le domaine de diffusions identifie les parties du réseau qu'une trame physique, en diffusion (FF.FF.FF.FF.FF.FF), peut couvrir. En effet, certains services travaillent uniquement à l'aide de diffusions, les domaines de diffusions vont avoir pour frontière, les routeurs.

Répéteurs et concentrateurs

- Couche physique du modèle OSI

- Régénère et répète les signaux (même les collisions)

- Interconnexion de supports hétérogènes

- Interconnexion de segments avec des débits identiques, et utilisant les mêmes méthodes d'accès

Un répéteur se situe au niveau de la couche physique du modèle OSI. Il se contente de retransformer les signaux en données, puis les données en signaux.

Une fois le signal régénéré (atténuation oblige), il est retransmis sur tous les ports du concentrateur.

Un répéteur connecte, en général, deux mêmes supports physiques, mais peut prendre en charge l'interconnexion de supports hétérogènes.

Travaillant au niveau 1, il est incapable de savoir si une trame est valide ou non, il propage donc les collisions. Il n'est pas non plus capable d'interconnecter des brins fonctionnant à des vitesses différentes ou bien des segments utilisant des méthodes d'accès différentes.

Un concentrateur (hub) actif fait également office de répéteur. Il est très rare désormais de trouver en usage ces matériels.

5.1 Le pont

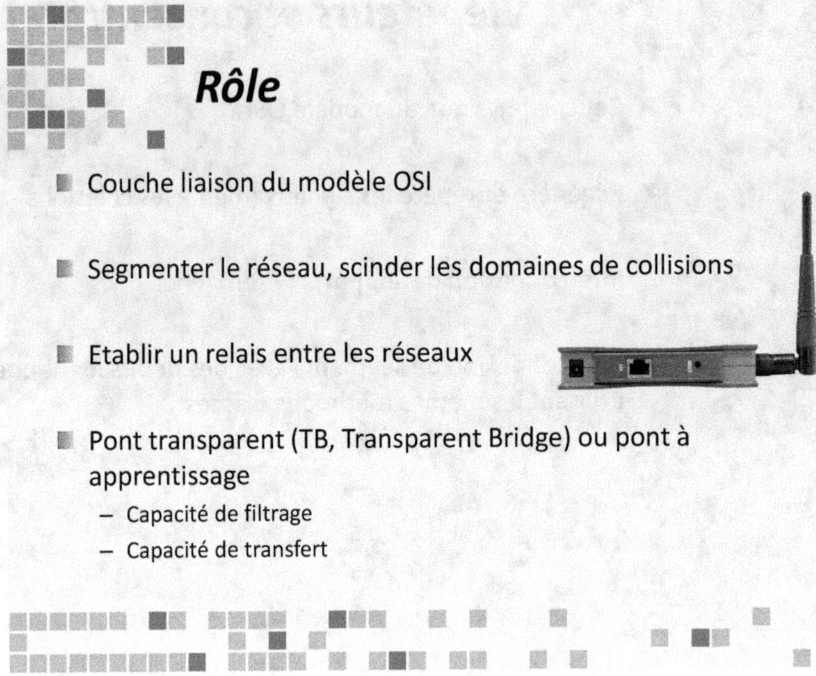

Le pont Ethernet fut imaginé à l'origine pour « décongestionner » le réseau en segmentant le
domaine de collision. Il a été inventé pour se substituer au répéteur. Il est dit transparent
parce que sa présence n'est pas visible aux autres équipements raccordés.

Le pont comprend les trames alors même qu'elles ne lui sont pas destinées. Pour rappel,
dans le fonctionnement normal d'Ethernet, une station ignore une trame qui ne lui est pas
prédestinée. La configuration en mode « promiscuous » permet cet écart de conduite.

Le pont est un équipement de la couche 2. Il est capable d'interpréter les champs
d'information de niveau 2, à savoir les adresses MAC et le champ type. Le pont s'intéresse
avant tout aux adresses sources, adresses qu'il « stocke » dans une table de filtrage
(Forwarding Data Base).

La capacité de filtrage et la capacité de transfert correspondent au nombre de paquets par
port qu'un pont peut respectivement, traiter et transférer en une seconde, sur l'autre
segment.

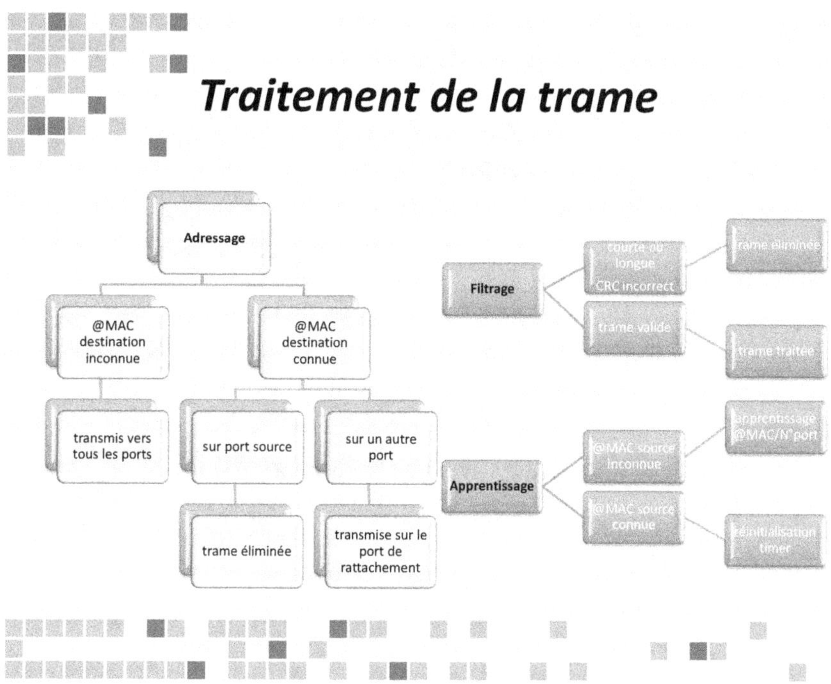

Le pont peut être avant tout considéré comme un filtre. Il s'intéresse aux adresses sources, adresses qu'il « stocke » dans une table de filtrage (**F**orwarding **D**ata **B**ase). Il est également capable de vérifier la longueur de la trame ou le CRC.

Le pont va apprendre les adresses sources au fur et à mesure du dialogue entre les stations et les associées au numéro de port correspondant. Il initialise également une durée de vie pour purger régulièrement la FDB.

Le pont va dans un premier temps, émettre la trame dont l'adresse de destination lui est inconnue, sur tous les ports autres que celui de la source. Puis une fois toutes les adresses apprises, il va éliminer ou transmettre vers le destinataire la trame unicast. Il laisse passer les multicast et les broadcast.

Le pont va également éliminer les trames en collisions.

5.2   Le switch

Rôle

- Niveau 2 et/ou niveau 3 du modèle OSI

- Mise en relation directe d'un port d'entrée avec un port de sortie (CV)

- Parallélisme de la communication, buffers en entrée et en sortie

- Trame « pause » pour éviter les débordements

Le commutateur est à la fois un concentrateur et un pont.

Dans les réseaux d'entreprise, les postes de travail et serveurs sont directement reliés à ces équipements. Ainsi, le réseau n'est plus partagé, mais est qualifié de commuté.

L'une des différences entres commutateurs, est leur capacité de traitement vis-à-vis du modèle OSI. Ceux de niveaux 2, disposent de fonctionnalités liés à l'exploitation des adresses MAC des ordinateurs connectés à leurs ports.

Ceux de niveau 3 sont capables de travailler sur les en-têtes de couche 3. Ils sont ainsi capables de reconnaître les adresses IP.

Le principe est de mettre en place une correspondance entre l'adresse MAC source et à l'adresse MAC destination grâce à un circuit virtuel entre les ports spécifiés. Les trames suivantes sont directement commutées vers le bon destinataire, en utilisant le CV préalablement établi.

La différence avec le pont réside dans le fait que la commutation peut se faire en parallèle sur l'ensemble des ports grâce à la capacité des tampons d'entrée et de sortie du commutateur.

Des trames "pause" peuvent être émises par les commutateurs pour limiter les émissions des stations quand s'approche la saturation de leur mémoire.

5.3   La commutation

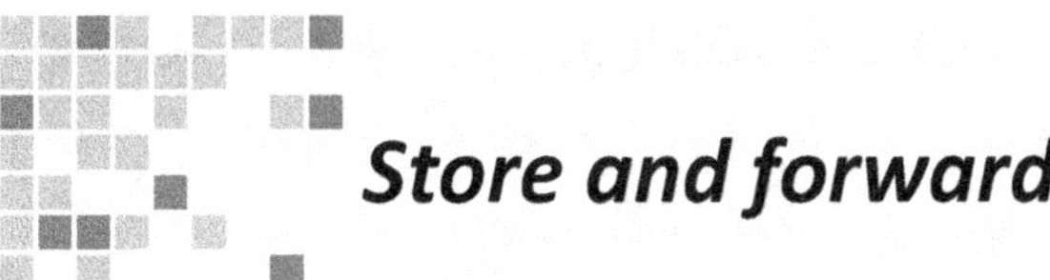

- Stockage avant retransmission

- Une trame est entièrement lue avant retransmission

- Vérification du CRC, des longueurs minimales et maximales des trames, détection des trames de collision

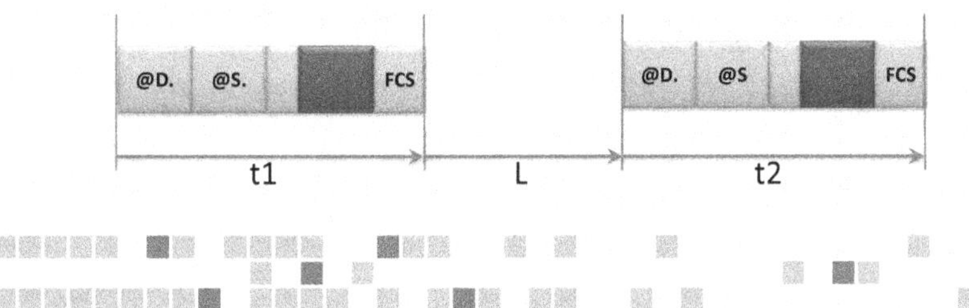

Les techniques de commutation, utilisées par les commutateurs vont directement agir sur le temps de latence, temps de traitement nécessaire à la lecture de tout ou partie de la trame. Il traduit la vélocité du pont, c'est une mesure de puissance de l'équipement.

Le fonctionnement naturel du pont ou du commutateur est d'attendre d'avoir reçu la trame de la station source dans son entier, de traiter cette trame et enfin de l'émettre à son tour depuis le port de sortie vers la station destinatrice.
Ce fonctionnement est dit store-and-forward. Ce mode permet de vérifier la validité de la trame. Le réseau va gagner en fiabilité.

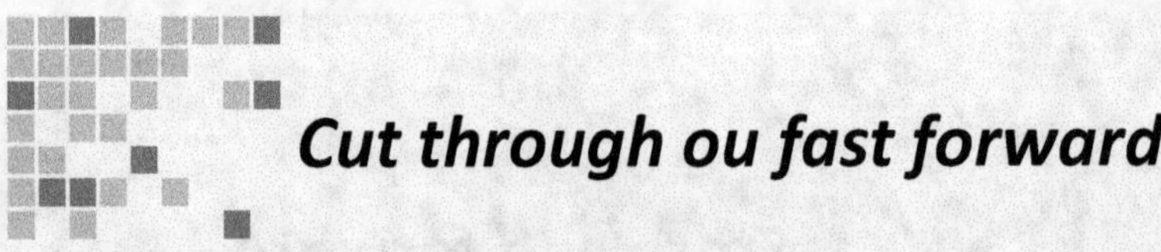

Cut through ou fast forward

- commutation rapide à la volée

- Lecture du port de destination dans la trame, puis relai des données directement vers le port de sortie

- Propagation des trames
    - erronées et en particulier
    - les trames ayant subi
    - des collisions

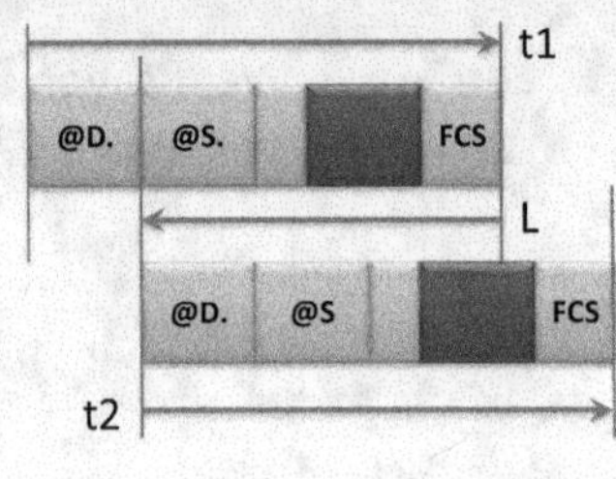

L'autre mode de fonctionnement est de lire l'adresse de destination, puis de filtrer ou de relayer la trame sans attendre d'avoir reçu la totalité de celle-ci. Ce fonctionnement présente certains inconvénients. Le test FCS n'est pas réalisé, la trame relayée est peut-être en erreur ou contenir des fragments de collisions. En la transmettant, le commutateur consomme de la bande passante inutilement.

Ce fonctionnement est dit cut-throught. Le réseau va gagner en rapidité.

Variantes

- méthode modifiée ou « fragment-free »
  - gère les trames à la volée mais supprime les trames trop courtes (collisions identifiables)

- méthode adaptative ou « adaptive error free »
  - démarrage en mode « cut-through »
  - passage en "store & forward" au delà d'un seuil prédéterminé de taux d'erreur

Ils existent des variantes au second mode, dites Cut-Through modifié et Cut-Through adaptatif.

Dans le mode modifié, le commutateur lit les 64 premiers octets. Les trames minimales sont donc toujours vérifiées en entier. Les fragments de collision sont également détectés. CISCO nomme Fragment-Free le mode modifié.

Dans le mode adaptatif, le commutateur continue de tester le FCS et adapte son fonctionnement en fonction du nombre d'erreurs détectées. Si ce nombre augmente, il rétrograde au mode Cut-Through modifié voire au mode Store-and-Forward.

5.4   La redondance

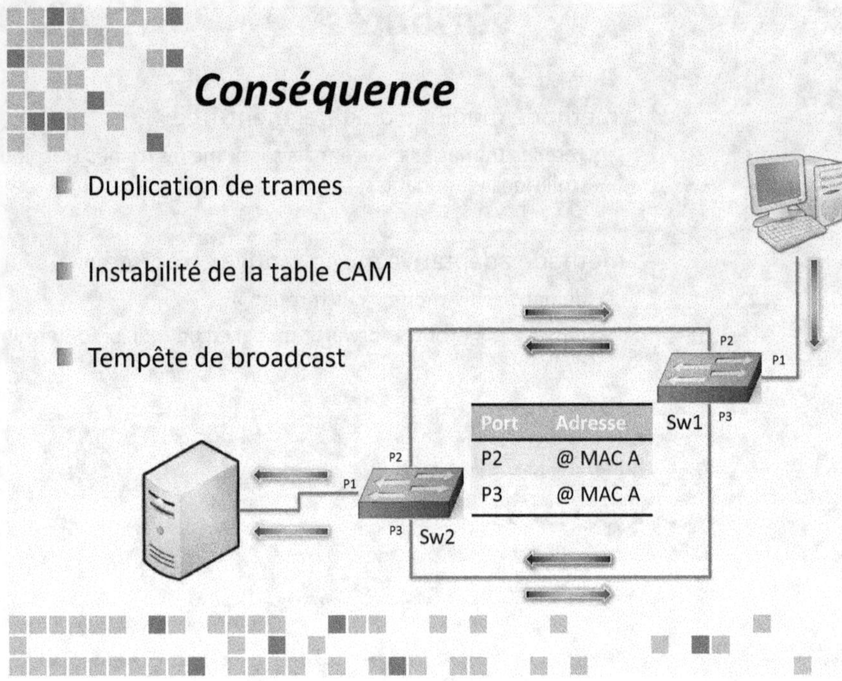

La redondance des équipements de niveau 2 va nous permettre de toujours maintenir un chemin de secours. Cependant, elle pose quelques problèmes.

La duplication de trame est conséquence possible de la redondance au niveau 2. Sw1 n'a pas l'adresse MAC du serveur dans sa table de commutation. La station envoie une trame à destination du serveur. Sw1 répète la trame sur ses ports 2et 3. La trame parvient sur le port 2 de Sw2 qui la répète sur son port 1. La trame parvient sur le port 3 de Sw2 qui la répète sur son port 1. Le serveur reçoit la trame en double.

En reprenant le scénario précédent. Nous pouvons constater que la redondance implique aussi une instabilité au niveau de la table de commutation. En effet, Sw2 voit une première version de la trame arriver sur son port 2. Sa table de commutation est mise à jour, l'adresse MAC de la station est donc associée au port 2. Ensuite, il reçoit le deuxième exemplaire de la trame sur son port 3, cette fois il associe l'adresse MAC de la station au port 3.

L'effet le plus ravageur d'un réseau de niveau 2 redondant est le broadcast storm. La station envoie une trame de broadcast. Cette trame arrive au port 1 de Sw1. Celui-ci répète la trame sur ses ports 2 et 3. Cette trame arrive alors sur les ports 2 et 3 de Sw2. Ce dernier va répéter la trame sur ses ports. La trame va arriver aux ports 2 et 3 de Sw1 qui va...

5.5   Le protocole de Spanning tree

Présentation

- Le spanning Tree Algorithm et Protocol (STP) est un protocole de gestion des liens d'interconnexion entre ponts ou switchs.

- Conforme au standard IEEE 802.1d (historique).

- Il sert à prévenir les boucles et à réaliser la redondance de lien et de chemin. Un seul chemin peut être actif

- Le principe est de construire une arborescence inversé à partir d'un point identifié connu sous le nom de racine.

- Tous les switchs dans un réseau participant au spanning tree s'échangent des messages.

L'idée est d'éviter les conséquences néfastes dues à la redondance des équipements. Le Spanning Tree Protocol (STP) a pour objectif de prévenir les boucles de niveau 2 dans notre réseau.

Pour parvenir à cela, STP va supprimer toute boucle dans le réseau : à un instant T, un seul chemin sera possible entre deux points. STP va donc désactiver des ports. Cependant, afin d'obtenir un réseau hautement disponible, STP doit permettre de détecter la perte du chemin principal afin d'activer l'un des chemins de secours.

STP est défini dans la norme 802.1d. Il est en général activé par défaut sur les commutateurs.
Il esiste plusieurs évolutions du spanning-tree :
RSTP (Rapid STP) décrit sous la norme 802.1w, qui accélère la convergence lors d'un changement de topologie
MSTP (Multiple STP) norme 802.1s, qui gère plusieurs instances d'arbres, par exemple par groupes de VLAN.
Cisco a créé et utilise deux autres normes **PV**ST (Per VLAN STP) et **RPV**ST (Rapid Per VLAN STP).

Messages

- Ces messages sont définis par IEEE 802.1d comme BPDUs (Bridge Protocol Data Units)

- Les BPDUs contiennent:
    - @MAC destination (diffusion) : 01-80-C2-00-00-00
    - ID du switch racine (priorité + @MAC de la racine)
    - ID du switch émetteur
    - Cout depuis la racine (distance au root bridge)
    - ID du port (priorité + n°port)
    - Timers : Maximum age, Hello Timer, Forward delay

Les BPDU sont des trames échangées entre les commutateurs utilisant STP. Ils permettent l'élection du root bridge, des root ports et des designated ports. Ils permettent de plus de détecter la perte d'une connexion.

Les informations transportées dans un BPDU sont :

Coût jusqu'à la racine (4 octets) : C'est le coût de la route depuis le pont qui émet l'unité BPDU jusqu'au pont racine indiqué dans le champ ID de la racine. Le coût est basé sur la bande passante.

ID de pont (8 octets) : C'est le pont qui émet l'unité BDPU.

      2 octets : Priorité du pont

      6 octets : Adresse MAC

ID du port (2 octets) : Il s'agit du port situé sur le pont qui émet l'unité BDPU, y compris la valeur priorité du port.

Âge du message (2 octets) : Il s'agit de l'âge de l'unité BPDU.

Âge maximum (2 octets) : Ce champ indique quand l'unité BPDU doit être éliminée.

Heure HELLO (2 octets) : Ce champ indique la fréquence d'envoi des unités BPDU.

Délai de transmission (2 octets) : Ce champ indique combien de temps le pont doit rester en état Écoute et Apprentissage.

Etapes du STP

- Election d'un root bridge
  - Un root bridge par instance spanning tree

- Election d'un root port par commutuer
  - Un port « relié » (meilleure distance) au switch racine par switch

- Election d'un port désigné par segment

Afin de supprimer les boucles dans le réseau, STP doit passer par différentes étapes afin de créer une structure arborescente.

A la racine de cet arbre se trouvera le root bridge. Tous les ports de ce commutateur sont des designated ports. L'état normal pour ces ports est l'état forwarding.

Ensuite, pour chaque commutateur (à l'exception du root bridge) est élu un root port : c'est par ce port que le commutateur recevra les BPDU émis par le root bridge.

Pour chaque segment est alors élu un designated port : ce port sera dans l'état forwarding par défaut. Il est chargé de transmettre les trames en provenance et à destination du segment.

Tous les autres ports sont des non designated ports : ils sont dans l'état blocking.

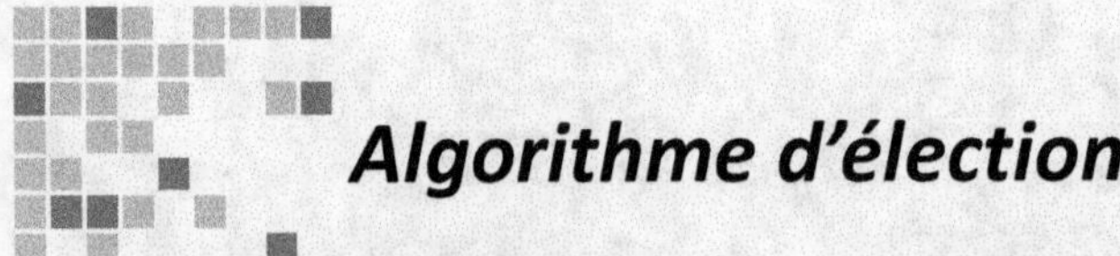

Algorithme d'élection

- Critères de sélection :
  - Le plus petit root BID
  - Plus petite distance au root Bridge
  - Expéditeur ayant le plus petit BID
  - Plus petite priorité du port
  - Plus petit port ID

Cet algorithme est utilisé pour l'ensemble des étapes de l'élection : que ce soit pour désigner le root bridge, les root ports ou les designated ports.

Les critères de sélection utilisés sont les suivants :

1. Le BPDU annonçant le plus petit root BID est le meilleur BPDU
2. La distance au root bridge la plus courte est la meilleure
3. Entre plusieurs BPDU, le meilleur est celui dont l'expéditeur a le plus petit BID.
4. Entre plusieurs BPDU, le meilleur est celui reçu sur le port ayant la plus petite priorité.
5. Le BPDU expédié depuis le plus petit port ID est le meilleur.

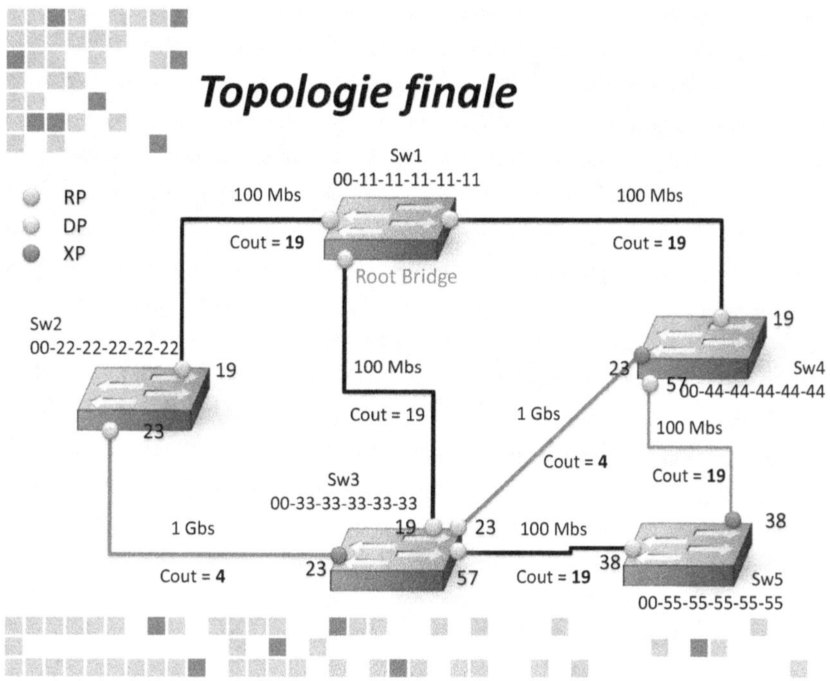

La distance au root bridge est le coût le moins élevé pour aller d'un commutateur au root bridge.

A chaque lien est associé un coût qui, par défaut, est dérivé de la vitesse du lien. La distance au root bridge est la somme des coûts des liens séparant le commutateur du root bridge. Les différents coûts sont définis ainsi :

Vitesse du lien	Coût (valeurs revues)	Coût (valeurs obsolètes)
10 Gbps	2	1
1 Gbps	4	1
100 Mbps	19	10
10 Mbps	100	100

Dans les spécifications initiales de STP, les coûts avaient été définis pour des vitesses maximales de 1Gbps. Elles ont été revues pour tenir compte de l'évolution des performances des LAN.

Dans l'exemple ci-dessus, le commutateur B annoncerait une distance de 19 dans ses BPDU. En recevant celui-ci, le commutateur C peut calculer sa propre distance au root bridge qui est égale à 19 + 100.

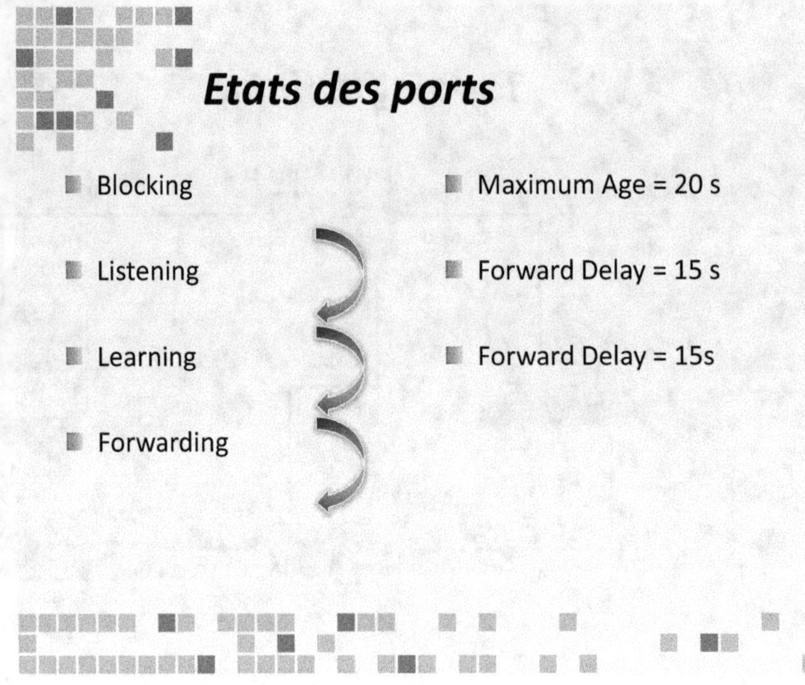

Indépendamment de leurs rôles, les ports peuvent se trouver dans différents états. Ces états vont déterminer leur comportement à un instant T. Voici les différents états possibles pour un port :

*   **Blocking** : le port ne transmet ni trames de données, ni BDPU. Par contre il écoute les BDPU entrants. Il s'agit de l'état normal pour un port dont le rôle est non designated.
*   **Listening** : le port ne transmet pas de trames de données. Mais écoute et envoie des BPDU. Il s'agit d'un état de transition.
*   **Learning** : le port ne transmet pas les trames de données, mais il met à jour sa table de commutation. Le but de cet état est d'éviter le flooding. Il écoute et envoie des BPDU. Il s'agit d'un état de transition.
*   **Forwarding** : Transmet les trames de niveau 2. Apprend les adresses MAC des trames reçues, met à jour la table de commutation. Etat des designated ports et des root ports.
*   **Disabled** : port ne participant pas à STP.

Donc entre le moment où un problème survient, et la convergence du réseau, il s'écoule environ 50 secondes. Lorsque le port était down (exemple aucun équipement n'est branché dessus) et qu'un poste de travail est branché, le port passe par les états **listening** et **learning**, avant de passer à l'état **forwarding**. Il s'écoule donc 30 secondes entre le moment où une station est connectée et le début de transmission des trames.

5.6 Les VLAN's

Présentation

- VLAN : Virtual LAN
- Permet la segmentation des réseaux au niveau 2

- 1 VLAN représente un domaine de broadcast

- Généralement à un VLAN est associé un sous réseau IP
- Pour qu'un paquet passe d'un VLAN à l'autre, il doit traverser un équipement de niveau 3.

La création de VLAN permet la segmentation des réseaux au niveau 2. Dans un VLAN vont être placées l'ensemble des machines ayant des caractéristiques communes : même service (Marketing, DRH…), téléphones sur IP.

Un VLAN représente un domaine de broadcast, cela signifie qu'une trame de broadcast émise dans un VLAN impactera l'ensemble des machines de ce VLAN mais pas celles des autres VLAN.

C'est pourquoi, on associe généralement un sous réseau IP à un VLAN : toutes les machines appartenant au même sous réseau IP appartiendront au même VLAN.

Pour qu'un paquet puisse aller d'un VLAN à un autre, il doit obligatoirement passer par un équipement de niveau 3 (un routeur).

Les VLAN permettent une grande flexibilité dans le déploiement des réseaux.

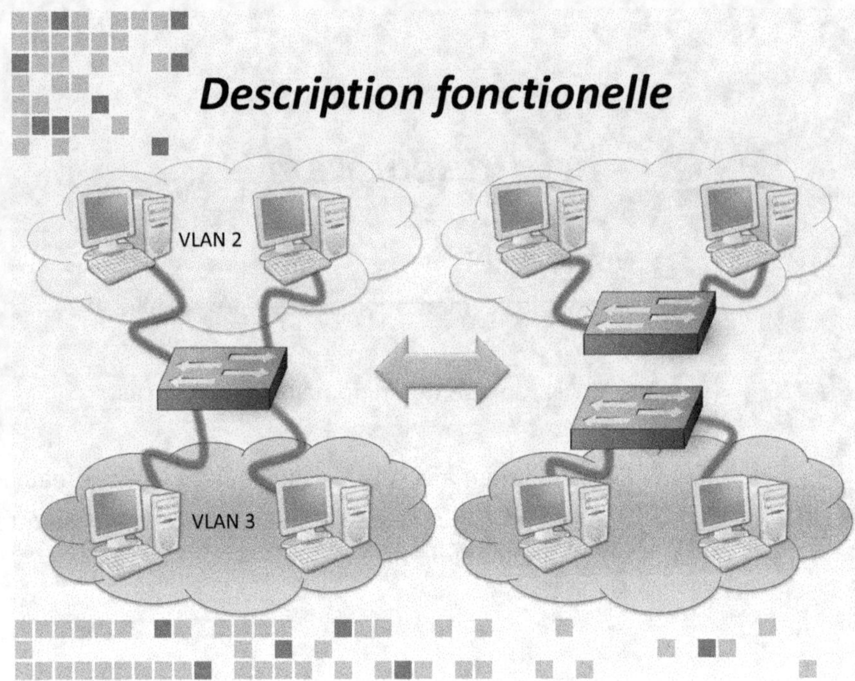

Description fonctionelle

Dans l'exemple ci-dessus, 2 VLAN sont configurés sur le commutateur.

Toute trame de broadcast envoyée depuis une machine d'un certain VLAN ne sera propagée que vers les ports appartenant à ce VLAN. Ainsi, une trame de broadcast émise par une machine du VLAN 2 ne sera retransmise que vers les ports du VLAN 2.

Aucun équipement de niveau 3 n'étant présent, les machines du VLAN 2 ne peuvent communiquer avec les machines du VLAN3.

Le comportement du réseau est donc identique à celui observé avec deux commutateurs séparés. L'avantage d'utiliser les VLAN est la flexibilité et une utilisation optimale des ports des commutateurs.

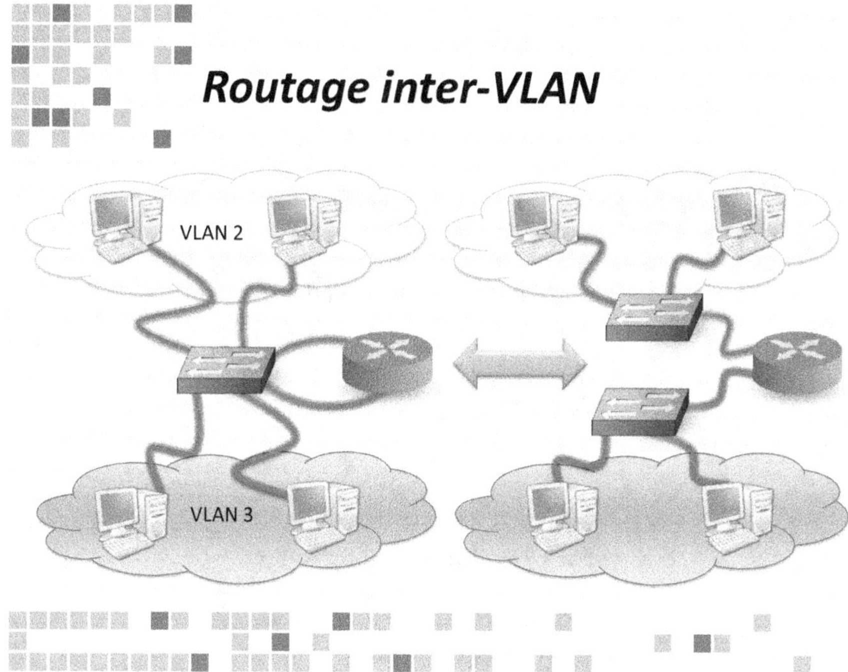

La communication inter-VLAN est rendue ici possible par la présence d'un routeur. Celui-ci dispose de 2 interfaces. Chacune d'elle est connectée à un port du commutateur appartenant à l'un des VLAN.

Fonctionnellement, nous obtenons l'équivalent du schéma de droite.

Remarque : Il n'est pas nécessaire que le routeur dispose de plusieurs interfaces physiques. Des interfaces logiques peuvent être utilisées. Dans ce cas, il est nécessaire que le routeur soit connecté à un port trunk du commutateur. La configuration d'un tel port n'entre pas dans le cadre de ce cours.

5.7   Le routeur

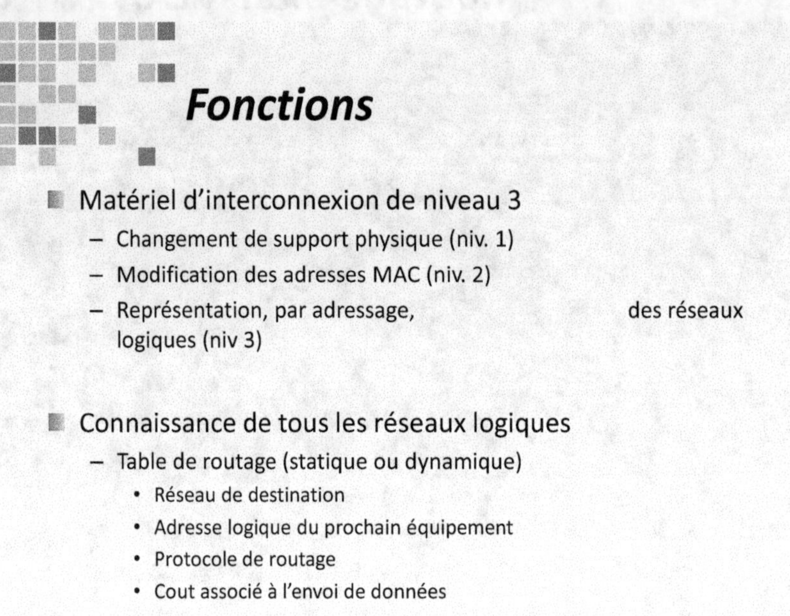

Le routeur est un matériel d'interconnexion qui a accès à toutes les informations des couches 1, 2 et 3, notamment aux adresses logiques qui sont indépendantes de toute méthode d'accès et de toute topologie physique.

Le routeur va donc modifier la couche physique pour changer de support, la couche MAC, pour préciser les nouvelles adresses MAC, la sienne et celle du prochain périphérique intermédiaire (éventuellement un autre routeur), tout en tenant compte de la nouvelle méthode d'accès.

Les adresses logiques permettent d'avoir une vision logique de l'ensemble du réseau, ce qui conduit un routeur à connaître les différents chemins possibles pour atteindre un destinataire. Le routeur doit donc connaître la liste de tous les réseaux logiques existants, qu'il conserve dans une table.

Ces données sont mises à jour, soit une fois pour toutes au départ, on parlera alors de routage statique, soit régulièrement grâce aux routeurs qui s'informent mutuellement des modifications de topologies du réseau, c'est le routage dynamique.

Rôle

- Ne laisse pas passer certains paquets
  - En diffusion ou avec une adresse de destination inconnue

- Choix de la meilleure route possible
  - Nombres de routeurs traversés (sauts ou hops)
  - Cout de la ligne, densité du trafic
  - Débit des liens parcourus, fiabilité

- Algorithmes à chemin unique ou chemins multiples

- Filtrage éventuel sur les réseaux et/ou protocoles

Par définition, un routeur ne laisse pas passer une diffusion.

Le routage n'est possible qu'à condition que les protocoles utilisés soient routables, c'est-à-dire qu'ils gèrent une adresse logique constituée d'un numéro de réseau et d'un numéro d'hôte dans le réseau.

Le routeur va se servir des différentes informations que l'on va trouver dans la table de routage et les fichiers de configuration pour choisir le meilleur chemin en fonction de différents critères, comme le nombre de sauts, le coût du lien ou encore le temps de traversée du réseau.

Certains algorithmes sont dits à chemins multiples, ils autorisent la répartition des charges sur les différentes routes. Il existe aussi des algorithmes de routage à domaine hiérarchique qui évitent aux routeurs d'apprendre tous les réseaux logiques possibles.

Le routeur peut aussi servir de barrière de sécurité en filtrant les adresses logiques ainsi que les protocoles identifiés.

5.8 Les autres équipements du réseau

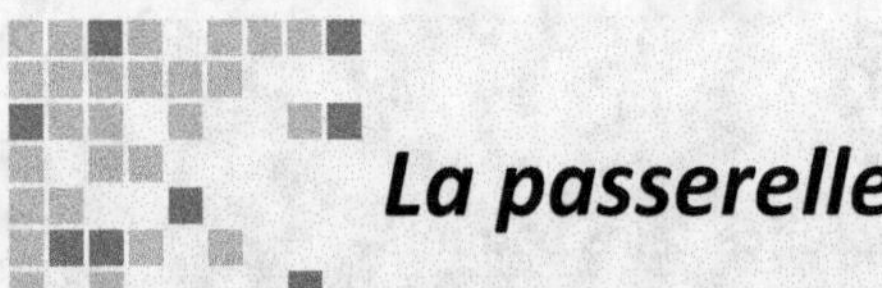

La passerelle

- Machine dédiée aux couches de niveau 3 à 7

- Traducteur des protocoles des couches supérieures

- Notions de passerelle réseau (gateway)
  - Adresse d'une interface
  - Paquet à destination d'un réseau différent

La notion de passerelle au sens large du terme exploite les couches 3 à 7 du modèle OSI. Avec la généralisation de l'usage de TCP/IP, les passerelles sont moins utilisées. Elle permettrait la communication, entre Novell Netware, utilisant les protocoles de couches moyennes et hautes IPX/SPX et Microsoft Windows exploitant TCP/IP, par traduction entre protocoles.

La passerelle réseau (gateway), tel que l'on peut la configurer aujourd'hui, va être l'adresse de l'interface du routeur auquel le paquet va être confié si la station ne connait pas le réseau de destination.

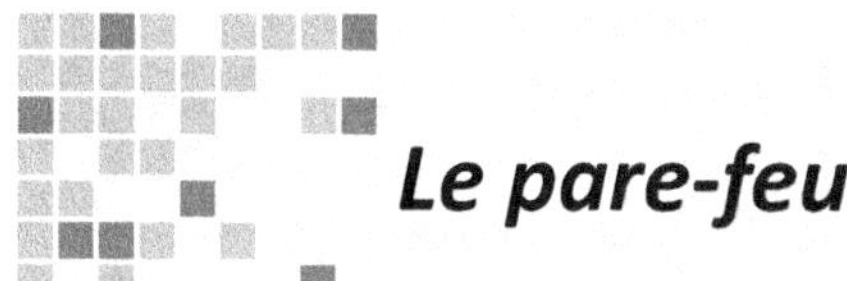

Le pare-feu

- Indépendance des réseaux connectés

- Segmentation des flux

- Table de connexions établies (state full inspection)

- Filtrage des protocoles de niveau 3 à 7

Un équipement de pare-feu (Firewall) rend indépendant les différents réseaux auxquels il est connecté.

Un pare-feu segmente les flux en prenant en charge lui-même les demandes. Il établit pour cela deux connexions et peut exercer une action d'authentification.

Le pare-feu à table d'état (State full inspection), conserve en mémoire une table des connexions établies. Ainsi, les communications entre clients, autorisés après authentification, continuent sans rupture.

La nouvelle génération de pare-feu, dite applicative, devient capable d'analyser certains corps de paquets, tels que ceux des protocoles SMTP, HTTP... Un tel niveau d'analyse permet de pallier aux nouvelles formes d'attaques, qui profitent de failles sur ces applicatifs standard.

Le pare-feu d'infrastructure peut être complété par un pare-feu personnel, installé sur les postes de travail. Ce dernier est ainsi protégé d'attaques qui pourraient provenir de l'intérieur même du réseau local.

5.9 La norme IEEE 802.11

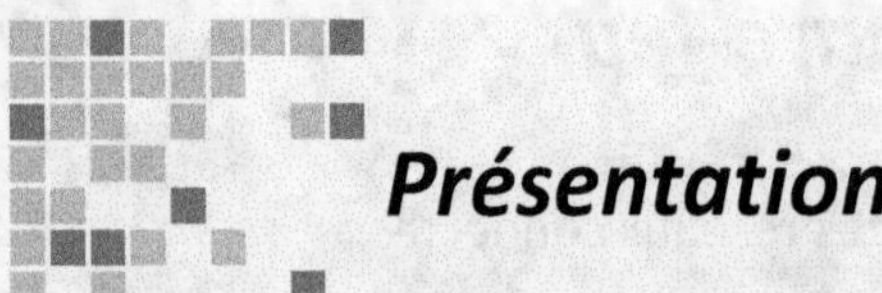

Présentation

- Le groupe de travail 802.11 standardise, sa définition des réseaux de type Wireless LAN, en 1997 puis retouchée en 1999.

- Un seul mode de transmission radio subsiste, nommée Direct Sequence Spread Spectrum (DSSS).

- Le label Wireless Fidelity (Wi-Fi), peut décerné si il répond aux critères de par l'organisme Wi-Fi Alliance. compatibilité défini

- Le standard Wi-Fi permet des communications sur des distances de quelques dizaines de mètres.

Un bon nombre de raisons permettent d'expliquer l'engouement suscité par les réseaux WLAN (Wireless LAN).

En premier lieu, le débit offert atteint quelques Mbps, voire quelques dizaines de Mbps soit l'ordre de grandeur du débit d'un LAN.

Le faible coût des équipements, que ce soit une carte réseau ou un point d'accès sans fil.

La flexibilité grâce aux ordinateurs portables équipés, un utilisateur peut changer de bureau et continuer à bénéficier du réseau WLAN.

Le WLAN offre les bénéfices d'un LAN sans les contraintes du câblage.

Normes physiques

- 802.11a
    - 09/1999, 54 Mbps, 5GHz

- 802.11b
    - 09/1999, 11 Mbps, 2,4GHz

- 802.11g
    - 06/2003, 54 Mbps, 2,4GHz

- 802.11n
    - 09/2009, 300 à 600 Mbps, 2,4GHz et 5GHz

La particularité du 802.11b est la variation dynamique du débit. Le débit n'atteint 11 Mbps que dans un environnement optimal et peut descendre à 5,5, 2 voire 1 Mbps au fur et à mesure que les conditions de transmission se dégradent.

Le 802.11n inclut la qualité de service (QOS - Quality of Service), le WMM (Wi-Fi MultiMedia) pour les applications VoIP (Voice over IP) et le streaming.

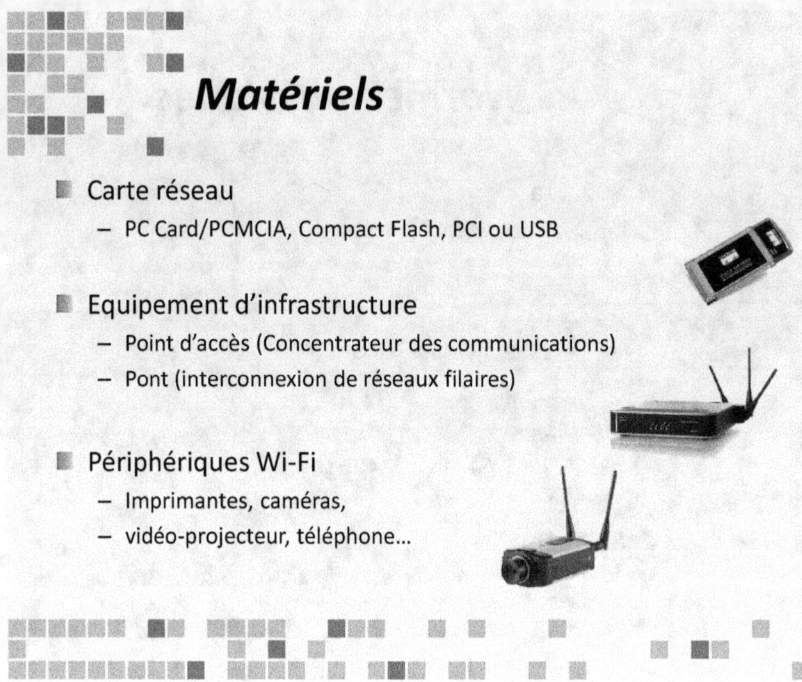

Matériels

- Carte réseau
  - PC Card/PCMCIA, Compact Flash, PCI ou USB

- Equipement d'infrastructure
  - Point d'accès (Concentrateur des communications)
  - Pont (interconnexion de réseaux filaires)

- Périphériques Wi-Fi
  - Imprimantes, caméras,
  - vidéo-projecteur, téléphone...

Une carte réseau Wi-Fi est composée d'une puce connectée à une antenne

Le point d'accès est le principal composant d'infrastructure d'un réseau Wi-Fi. Concentrateur, il centralise toutes les communications des stations qui lui sont associées.
La fonction principale d'un pont (bridge) Wi-Fi est d'interconnecter deux réseaux filaires Ethernet par l'interface air.

Les terminaux Wi-Fi les plus courants restent les ordinateurs, particulièrement les portables. Dans les bureaux, d'autres équipements communiquent désormais en Wi-Fi : les vidéoprojecteurs, les imprimantes, les caméras...

Le succès de la téléphonie sur IP a même conduit des constructeurs à proposer des solutions sans fil exploitant le réseau Wi-Fi (Vo Wi-Fi).

Mise en œuvre

- Architecture
  - Independent Basic Service Set (IBSS), pour former des réseaux ad hoc (poste à poste)
  - Basic Service Set (BSS), périphériques associés à un point d'accès
  - Extended Service Set (ESS), extension à un autre point d'accès sans coupure communication (roaming)

- Sécurisation
  - Non diffusion du SSID, filtrage par adresse MAC
  - WEP, WPA, WPA2 (802.11i), authentification, chiffrement

Les architectures des réseaux Wi-Fi peut se décliner de deux manières.

La première permet la communication d'égal à égal entre deux stations. Elle est nommée Independent Basic Service Set (IBSS), pour former des réseaux ad hoc.

La seconde architecture nécessite un point d'accès. Dans ce Basic Service Set (BSS), il agit comme un maître pour les stations périphériques qui lui sont associées. Toutes les communications doivent passer par lui.

Un réseau de plus grande étendue, avec plusieurs points d'accès, est nommé Extended Service Set (ESS). Ce type de réseau peut autoriser un déplacement au sein de l'entreprise, en s'associant successivement au point d'accès le plus proche, sans coupure de communication. Cette action est l'itinérance, ou roaming.

Il est désormais possible, avec les compétences adéquates, de mettre en place des infrastructures Wi-Fi très sécurisées. Des mécanismes de haut niveau permettent différents modes de sécurisation.

6   Les routeurs

6.1   Le routage

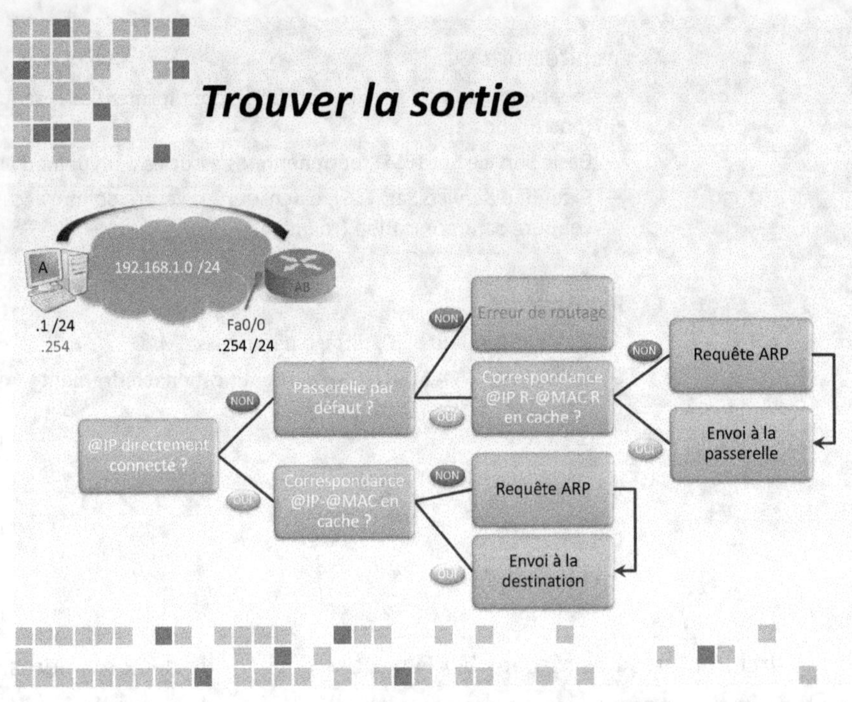

Pour savoir si la machine est directement connectée, elle effectue le test d'adjacence.

Le premier ET logique est réalisé entre l'adresse IP de l'expéditeur et son masque, le résultat est l'adresse réseau de l'expéditeur ;

Le second ET logique est réalisé entre l'adresse IP du destinataire et le masque, le résultat est comparé à l'adresse réseau de l'expéditeur.

En cas d'égalité, les deux machines sont adjacentes c'est-à-dire directement connectées.

Si le test d'adjacence a montré que le destinataire n'était pas directement connecté. La solution consiste alors à confier le datagramme à un périphérique intermédiaire, le routeur, qui fait office de passerelle vers le réseau qui héberge le destinataire. L'adresse de la passerelle par défaut est un élément clé de la configuration IP de la machine.

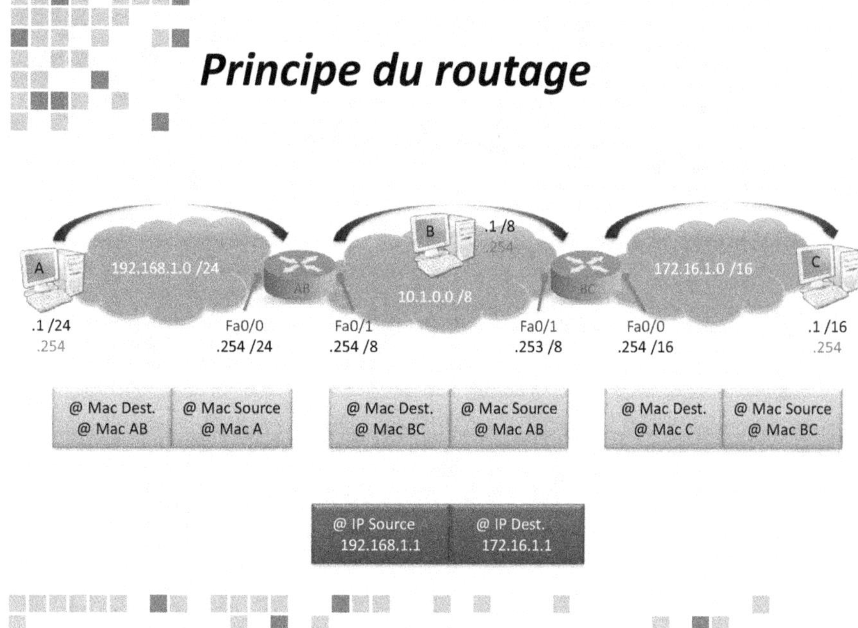

Le cheminement du paquet consiste en une succession de sauts, chaque routeur qui fait transiter le paquet doit connaître une route vers le réseau de destination.

Cette séquence de sauts peut être divisée en trois étapes :

Trouver le bon routeur de sortie (vers AB),

Trouver le routeur destinataire (vers BC),

Trouver la machine finale (vers C).

Le routeur passerelle se voit confier les datagrammes dont l'adresse de destination est extérieure au réseau. Charge à lui de les faire progresser vers leur destination et pour ce faire, le routeur consulte sa table de routage à la recherche d'une route vers le réseau en question.

6.2   La table de routage

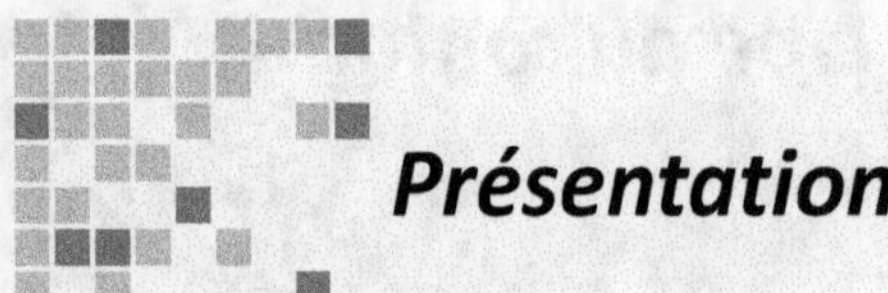

Présentation

- Réseau de destination

- Adresse logique du prochain équipement (next hop)

- Protocole de routage

- Cout associé à l'envoi de données (métrique)

La table de routage se présente comme des correspondances entre un réseau qu'il est possible d'atteindre et l'adresse IP du prochain routeur à qui il faut confier les datagrammes pour s'approcher de ce réseau ou l'atteindre.

L'apprentissage de cette route et par suite, le remplissage de la table de routage peut être le fait de l'administrateur, on parle alors de routage statique.

Il existe également des protocoles de routage qui, par des échanges réguliers entre routeurs, permettent à chacun des routeurs de découvrir des informations de route ou de topologie de réseau, le remplissage de la table de routage est alors automatisé, ce que l'on désigne par routage dynamique.

Le cout associé à une route va permettre au processus de routage de déterminer la meilleure route. La métrique est différente suivant le protocole de routage utilisé. Elle peut être simple, comme le nombre de saut, ou plus complexe en englobant les notions de débit et de latence.

6.3 Les protocoles de routage

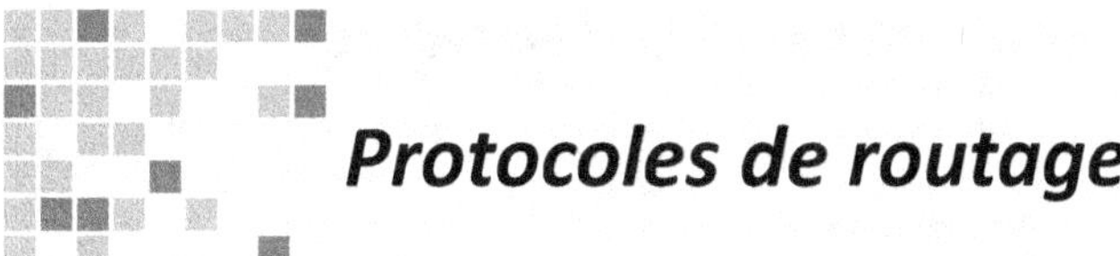

Protocoles de routage

- Automatique pour les réseaux directement connectés

- Manuelle, par l'administrateur : routage statique

- Dynamique, par les protocoles de routage
  - Vecteurs de distance (RIP v1 et v2, IGRP, EIGRP)
  - Etats de liens (OSPF, IS-IS)

Parmi les inconvénients du routage statique on peut citer que toute modification de topologie volontaire ou accidentelle, non planifiée, requiert l'intervention de l'administrateur et que le temps d'indisponibilité est fonction du délai de prise en compte du défaut par celui-ci.

Parmi les avantages, on peut citer que le routeur n'a pas à consacrer une partie de ses ressources à l'entretien d'un protocole de routage (CPU, mémoire).

Les domaines d'emploi du routage statique sont, les petits réseaux ou les réseaux privés connectés à l'Internet via un seul fournisseur d'accès.

À l'aide d'un protocole de routage, un routeur partage des informations concernant les réseaux qu'il connaît avec d'autres routeurs qui utilisent le même protocole. Chaque route mentionne le mode d'apprentissage de celle-ci.

Les routes sont maintenues à jour au fur et à mesure de la vie du réseau. C'est l'une des performances essentielles d'un protocole de routage à savoir prendre en compte rapidement les modifications de topologie, planifiées ou accidentelles, et leur prise en compte dans les tables de routages. Ce délai est appelé « temps de convergence ».

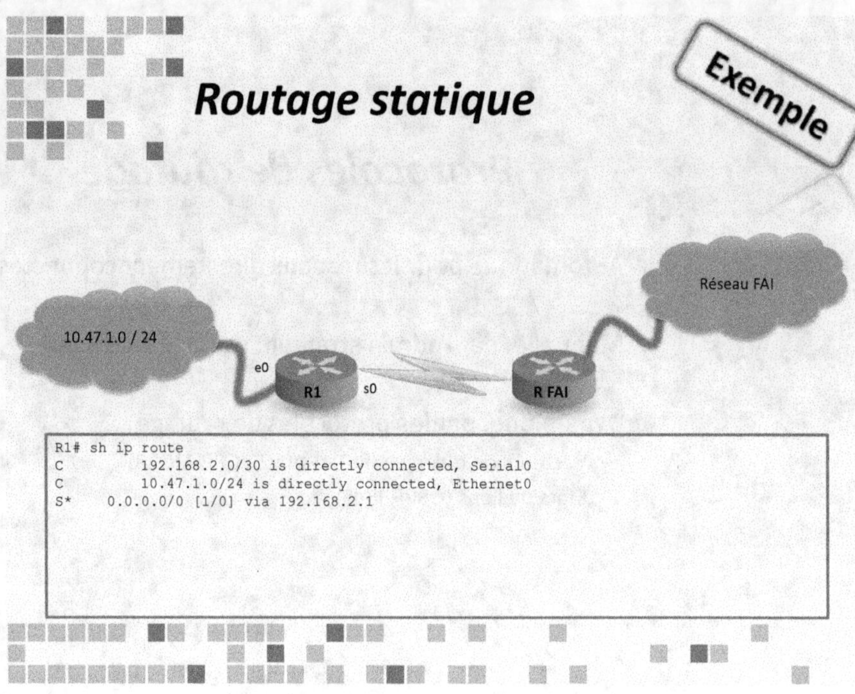


```
R1# sh ip route
C       192.168.2.0/30 is directly connected, Serial0
C       10.47.1.0/24 is directly connected, Ethernet0
S*    0.0.0.0/0 [1/0] via 192.168.2.1
```

Le schéma ci-dessus est un exemple typique de réseau ne nécessitant pas de routage dynamique. En effet, une seule route permet de sortir du réseau local : il est nécessaire de passer par le routeur du fournisseur d'accès.

Peu importe que cette route soit active ou non : il n'existe pas d'autres possibilités.

Les protocoles de routage

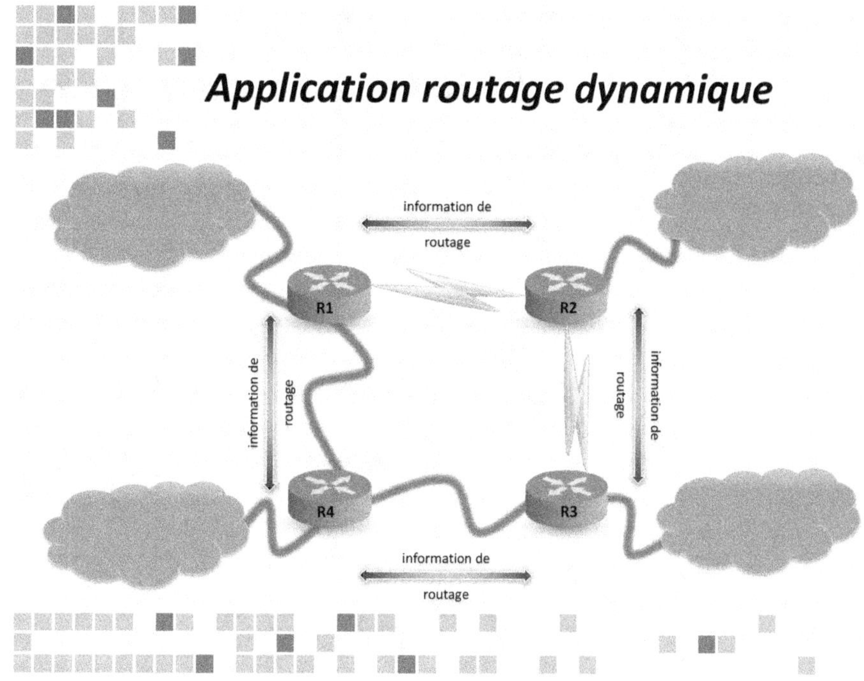

Dans l'exemple ci-dessus, il existe deux routes possibles entre les deux réseaux. L'une passant par des liaisons locales rapides, l'autre par des liens séries.

On peut penser que la route passant par les liens série ne doit être utilisée qu'en cas d'indisponibilité de la route principale.

L'utilisation de protocoles de routage est ici essentielle pour s'assurer de la bascule automatique vers la route de secours.

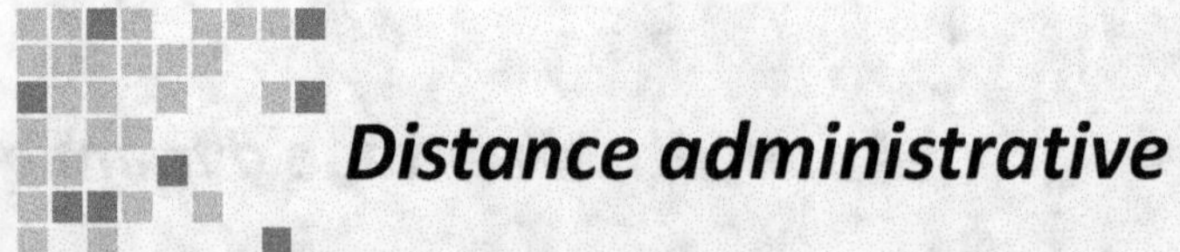

Distance administrative

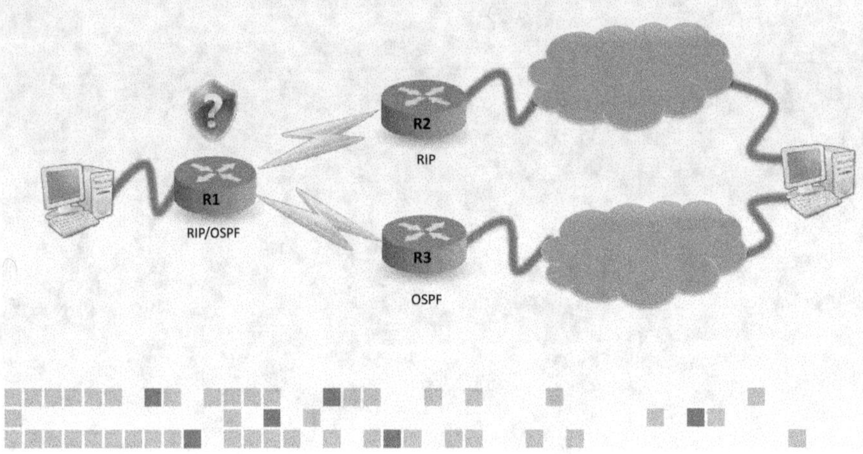

Les routeurs sont susceptibles d'apprendre des routes pour une même destination provenant de sources différentes.

Ces routes peuvent avoir été apprises manuellement (routage statique) ou par un protocole de routage.

Dans l'exemple ci-dessus un routeur utilisant à la fois OSPF et RIP apprend deux routes différentes pour une même destination. Quelle route va-t-il sélectionner ? Celle apprise par RIP ou celle apprise par OSPF ?

Pour résoudre ce dilemme, il est attribué à chaque source de routes un indice de confiance appelé distance administrative. Plus cette distance est faible, plus la source est de confiance.

Source	Distance administrative
Interface connectée	0
Route statique	1
EIGRP	90
IGRP	100
OSPF	110
RIP (v1ou v2)	120
« External » EIGRP	170
Inconnue	255

Notion de metrique

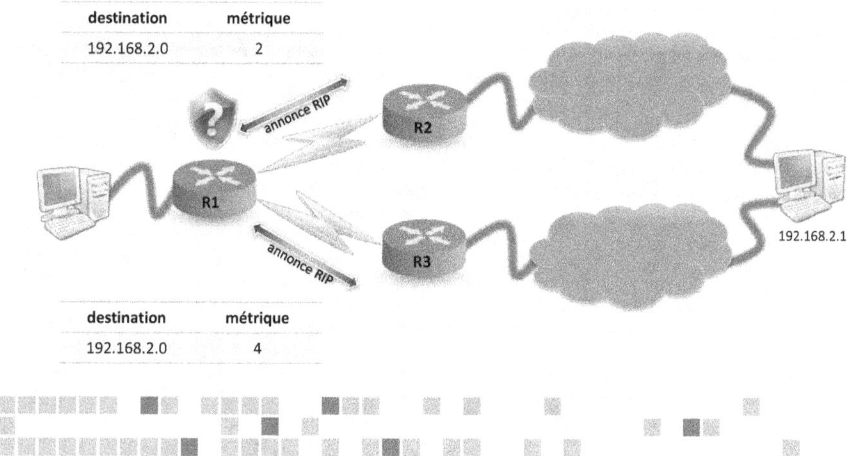

Lorsqu'un routeur doit effectuer le choix entre plusieurs routes pour une même destination, il va tout d'abord sélectionner les routes provenant des sources les plus fiables (plus faible distance administrative).

S'il reste plusieurs routes candidates, le routeur va alors sélectionner la ou les routes présentant la plus faible métrique.

La métrique est un coût associé à chaque route. Chaque protocole de routage a son propre algorithme pour calculer la métrique : pour certains il s'agit du nombre de routeurs à traverser pour atteindre la destination, pour d'autres d'une fonction de la bande passante…

La distance administrative et la métrique permettent donc aux routeurs de sélectionner les meilleures routes pour chaque destination.

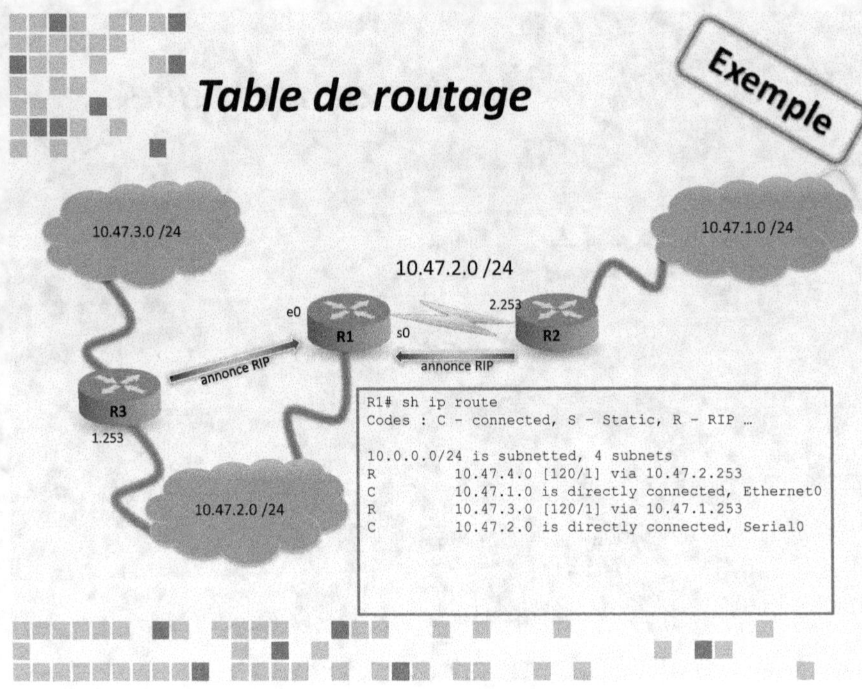


```
R1# sh ip route
Codes : C - connected, S - Static, R - RIP …

10.0.0.0/24 is subnetted, 4 subnets
R        10.47.4.0 [120/1] via 10.47.2.253
C        10.47.1.0 is directly connected, Ethernet0
R        10.47.3.0 [120/1] via 10.47.1.253
C        10.47.2.0 is directly connected, Serial0
```

La commande **show ip route** permet de visualiser la table de routage.

Si nous prenons pour exemple l'entrée suivante :
R 10.47.4.0 [120/1] via 10.47.2.253

Les informations utiles sont :

* Cette route a été apprise grâce au protocole de routage RIP. (Le R en début de ligne),
* La distance administrative est de 120 (1er nombre entre crochets),
* La métrique est de 1 (2ème nombre entre crochets).
* Pour se rendre sur le réseau 10.47.4.0/24, il est nécessaire de passer par le routeur 10.47.2.253

6.4   Les protocoles de routage dynamique

- Connaissance des routes directement connectés

- Association d'une route à une distance

- Diffusion des tables de routage aux routeurs voisins.

- MAJ de la table si
  - Destination inconnue
  - Destination connue mais route plus courte
  - Distance passant un routeur à changé

Au démarrage, chaque routeur ne connaît que les routes auxquelles il est directement connecté. Ainsi, la distance associée à une route directement connectée est 0 équivalente au nombre de saut.

Chaque routeur diffuse périodiquement le contenu de sa table de routage à tous les routeurs directement connectés.

Chaque routeur met à jour sa table de routage lorsqu'il reçoit des informations de route avec destination inconnue, si la distance est plus courte vers une destination connue ou si la distance vers une destination passant par un autre routeur a changé.

Les protocoles type « Vecteur de distance » sont entre autres :
RIP (Routing Information Protocol) :
En version 2 (RFC 2453), chaque route est annoncée avec son masque, les annonces sont diffusées vers l'adresse de multidiffusion 224.0.0.9.
EIGRP (Enhanced IGRP) :
Protocole propriétaire CISCO qui dispose d'un calcul de distance beaucoup plus élaboré que le simple nombre de sauts, intégrant délai, bande passante, fiabilité et charge des liens.

Les protocoles à vecteur de distance limitent leur usage à des réseaux de petite taille. Les annonces deviennent rapidement conséquentes et les temps de convergence sont également importants.

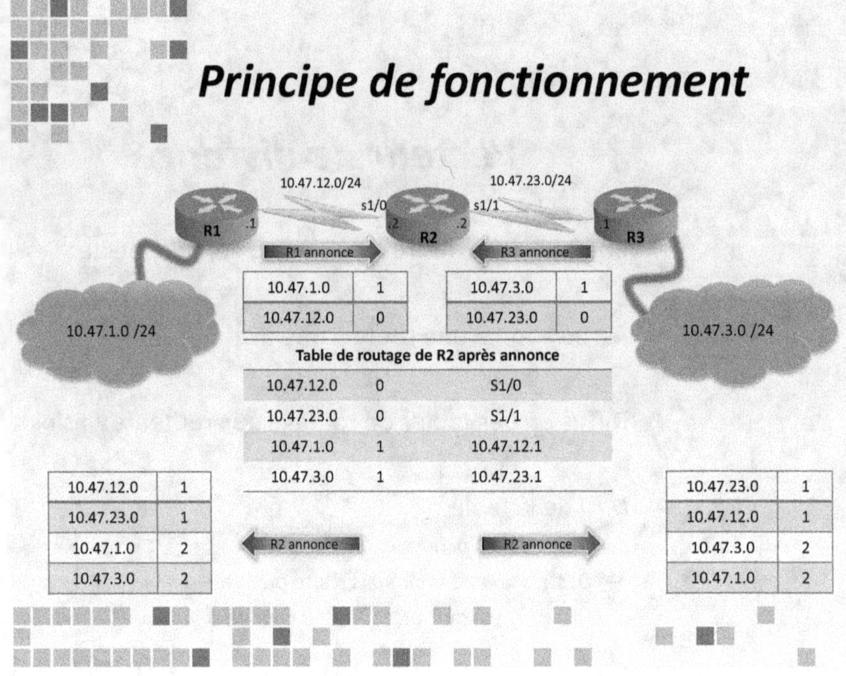

Le principe de fonctionnement d'un protocole de routage à vecteur de distance est assez simple : il annonce la table de routage du routeur ainsi que la métrique associée à chaque route.

Dans l'exemple ci-dessus la métrique utilisée comptabilise le nombre de routeurs à traverser pour atteindre la destination.

R1 annonce qu'il sait comment se rendre vers 10.47.1.0 avec une métrique de 1 (le paquet doit traverser R1 pour atteindre le réseau). Il annonce qu'il n'est pas nécessaire de le traverser pour atteindre 10.47.12.0.

R2 reçoit l'annonce de R1. Il intègre les nouvelles informations dans sa table de routage et annonce à son tour sa table de routage.

R1 et R3 vont à leur tour tenir compte de ces nouvelles informations avant d'effectuer leurs annonces.

R1 ne va pas tenir compte de la route vers 10.47.1.0 annoncée par R2 car il dispose d'une meilleure route (le réseau est directement connecté).

Cette manière de fonctionner pose cependant un certains nombres de problèmes : elle permet notamment à des boucles de routage de se former.

Etats de liens

- Connaissance de la topologie de réseau

- Tests des liens voisins

- Base de données d'états des liens

- Algorithme du plus court chemin

- Construction de la table de routage

La seconde catégorie de protocole est de type « Etat de lien » également appelés SPF (Shortest Path First). La base de données d'état des liens (LSD : Link State Database) contenue sur chaque routeur permet d'avoir une connaissance complète de la topologie du réseau.

Chaque routeur teste l'état de ses voisins directement accessibles par le biais de messages courts envoyés de façon régulière (hello ! ……… hello ! ………).

Chaque routeur informe tous les autres routeurs de l'état de ses liens, la taille des messages est en rapport avec le nombre de liens et non plus au volume de la table de routage.

Chaque routeur qui reçoit un message d'état de liens met à jour sa base de données topologique LSD. Si un routeur constate un changement dans sa base de données LSD, il déroule l'algorithme de Dijkstra qui lui permet de calculer le plus court chemin le séparant de chaque autre routeur du réseau et par la suite de remplir sa table de routage.

Chaque table de routage est le résultat du calcul du routeur qui la porte, calcul effectué de façon totalement indépendante.

Construction table de routage

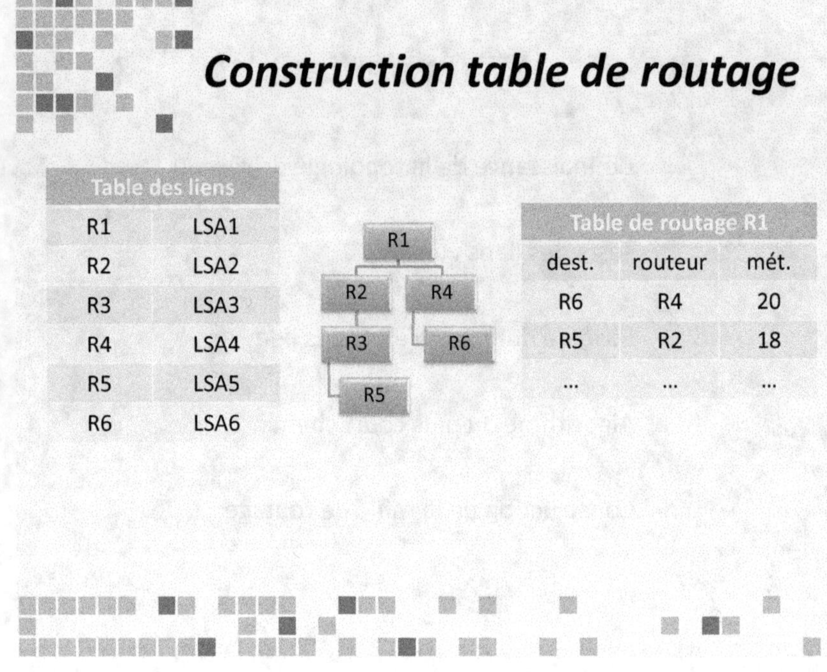

Tous les routeurs du domaine possèdent la même table des liens. A partir de celle-ci, chaque routeur va construire un arbre représentant les chemins les plus courts pour toutes les destinations : il s'agit du Shortest Path Tree (SPT).

Ce SPT va permettre au routeur de construire sa table de routage.

Toute modification dans l'état d'une interface aura un impact sur la table des liens de l'ensemble des routeurs. Chacun d'eux devra alors recalculer son SPT et sa table de routage.

6.5   Les mécanismes IP

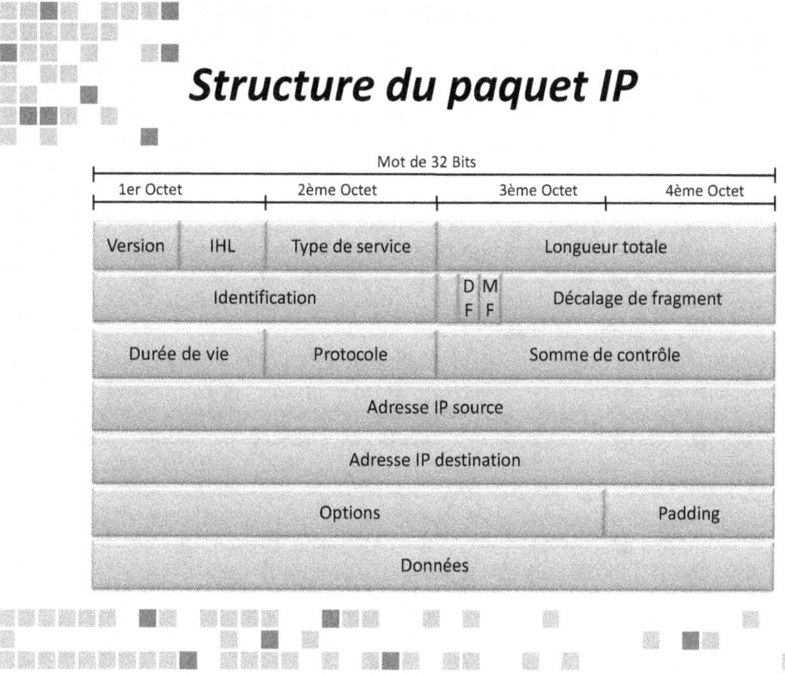

Version : le numéro de version du protocole IP est 4 ou 6 exprimé sur 4 bits.

IHL : Longueur de l'en-tête du paquet IP sur 4bits, requis parce qu'il existe un champ options de longueur variable.

TOS : le type de service est utilisé pour prévenir la saturation des files d'attentes des routeurs appelée congestion.

Total lenght : Taille totale du paquet IP (en-tête + données), exprimée en octets sur 16 bits. Identification, DF, MF et fragment offset et TTL seront traités par la suite.

Protocol : le protocole de niveau supérieur codé sur 8 bits peut prendre des valeurs comme 1 pour ICMP, 6 pour TCP ou 17 pour UDP.

La **somme de contrôle** de l'en-tête, exprimée sur 16 bits, permet de s'assurer de l'intégrité de l'en-tête du datagramme IP.

L'adresse source et **l'adresse destination** sont sans commentaire.

Les **options** sont normalement destinées à effectuer des tests pendant des phases de mise au point.(ex : liste @ip pour routage par la source)

Le champ **Bourrage** permet d'atteindre une longueur multiple de 32 bits quand elle ne l'est pas naturellement.

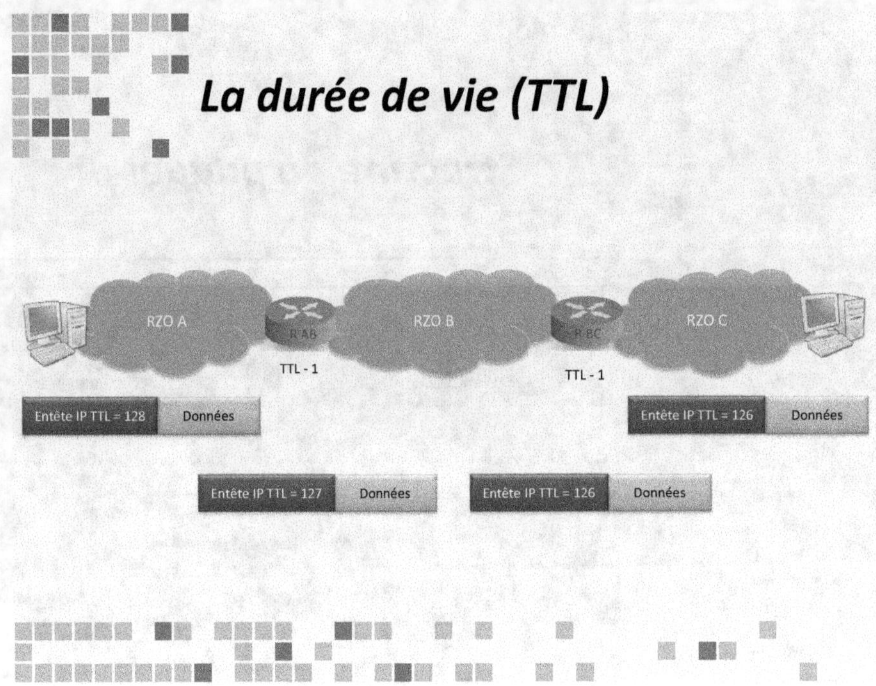

Sur 8 bits, la durée de vie du datagramme dans le réseau exprimée en secondes. Chaque routeur qui fait transiter le paquet décrémente la durée de vie d'au moins un quel que soit le temps inférieur à un passé dans le routeur.

En pratique, ce champ est donc plutôt à considérer comme un nombre de sauts maximum qui limite la portée du paquet mais surtout qui permet d'éliminer un datagramme qui errerait dans le réseau sans jamais atteindre son destinataire (boucle de routage).

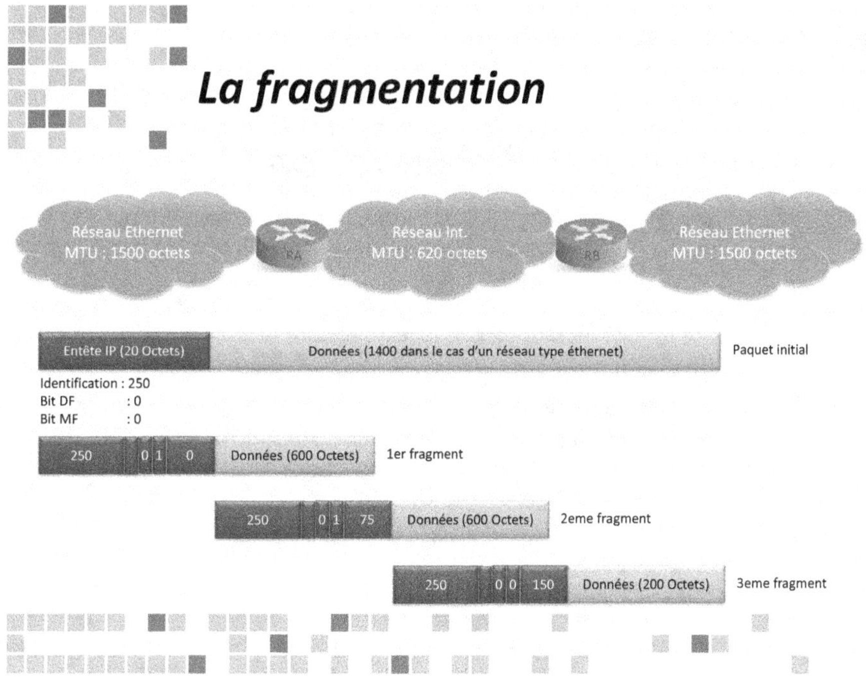

Pendant l'acheminement, un processus IP peut être contraint de fragmenter un paquet pour prendre en compte le MTU du prochain saut.

Le champ Identification contient une valeur générée aléatoirement dans le paquet initial, puis copiée dans chacun des fragments.

Le champ Bit DF (Don't Fragment), positionné à 1, indique que le datagramme ne doit pas être fragmenté. Le champ Bit MF (More Fragment), positionné à 1, indique que le datagramme n'est pas le dernier fragment du paquet initial.

Le décalage de fragment permet d'indiquer la position dans le datagramme initial. Hors entête, la position exprimée en octets est égale à 8 fois la valeur contenue dans le champ Fragment Offset.

Le processus IP destinataire final devra réassembler les différents fragments, avec les informations ci-dessus, afin de reconstituer le paquet initial.

6.6 Le protocole ICMP

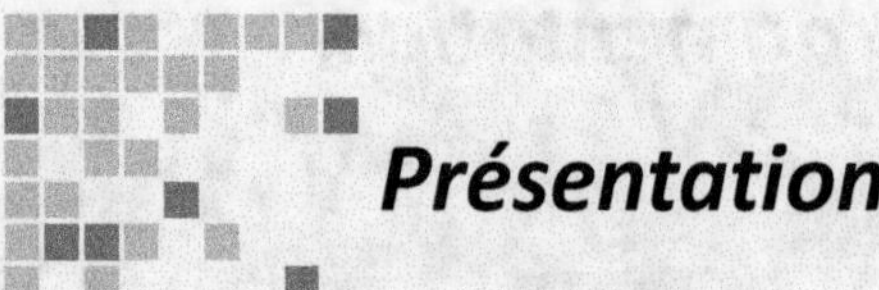

Présentation

- Le protocole ICMP génère des messages de contrôle ou d'erreur.

- ICMP rapporte les messages d'erreur à l'émetteur initial.

- Les erreurs peuvent êtres multiples, souvent dues à des problèmes d'interconnexion rencontrés sur le réseau
  - machine destination déconnectée,
  - durée de vie du datagramme expirée,
  - congestion de routeurs intermédiaires.

- Si un routeur détecte un problème sur un datagramme IP, il le détruit et émet un message ICMP pour informer l'émetteur.

ICMP fonctionne de pair avec IP. Il offre des capacités de contrôle et d'interprétation des erreurs car IP ne détecte pas les anomalies dans le réseau.

Le protocole ICMP est donc utilisé par les hôtes IP pour spécifier un certain nombre d'événements importants (découverte des routeurs, mesure des temps de transit, redirection des trames…)

Les messages ICMP sont véhiculés à l'intérieur des paquets IP et donc routés comme n'importe quel paquet.

Une erreur engendrée par un message ICMP ne peut donner naissance à un autre message ICMP (pas d'effet cumulatif).

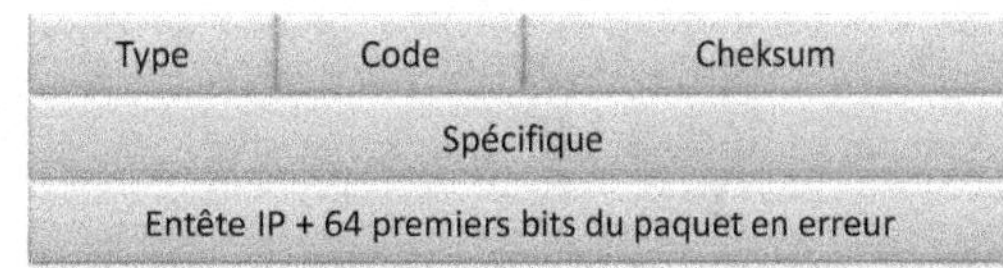

- Les informations contenues dans un message ICMP sont
    - TYPE   8 bits : type de message,
    - CODE   8 bits : informations complémentaires,
    - CHECKSUM 16 bits : champ de contrôle,
    - HEAD-DATA en-tête du datagramme incriminé avec 64
                premiers bits des données.

Le message ICMP lui-même est repéré par son Type et son Code. Différents messages sont répertoriés. Le champ code est différent de 0 seulement s'il s'agit d'un type 3.

Les « types » de messages

- 0   Echo Reply
- 3   Destination Unreachable
- 4   Source Quench
- 5   Redirect (change a route)
- 8   Echo Request
- 11   Time Exceeded (TTL)
- 12   Parameter Problem with a Datagram
- 13   Timestamp Request
- 14   Timestamp Reply
- 17   Address Mask Request
- 18   Address Mask Reply

Time Exceeded

Ce message indique que le temps nécessaire pour atteindre le destinataire est dépassé. Il peut être envoyé dans le cas où un paquet s'est perdu, si son TTL a atteint 0.

Dans ce cas, le Type est positionné à 11.

Destination Unreachable

Ce message est caractéristique d'une impossibilité d'acheminer le paquet à destination. Cela indique, par exemple, un problème de route pour atteindre un sous-réseau.

Dans ce cas, le Type est positionné à 3.

Redirect

Ce message indique à l'émetteur qu'un meilleur chemin existe vers la destination.

Echo request et Echo Reply

Ces deux messages permettent de tester si un nœud peut communiquer avec un autre (demande d'écho et réponse à l'écho).

La commande Ping les utilise. Le type et le code de Echo Request sont à 0. La réponse positive est indiquée par un message de type 8, le code restant à 0.

Exemples de messages

- **Demande d'écho et réponse d'écho**
  - permet à une machine ou un routeur de déterminer la validité d'un chemin sur le réseau
  - Utilisé par les outils tels ping et traceroute
  -

- **Synchronisation des horloges**
  - Les horloges de deux machines qui diffèrent de manière importante peuvent poser des problèmes pour des logiciels distribués
  - Une machine peut émettre une demande d'horodatage à une autre susceptible de répondre en donnant l'heure d'arrivée de la demande et l'heure de départ de la réponse.
  - L'émetteur peut alors estimer le temps de transit ainsi que la différence entre les horloges locale et distante.

ICMP source quench

- Une congestion peut se produire sur un routeur

- les routeurs peuvent être amenés à détruire des paquets

- Pour pallier ce problème, un routeur peut émettre un message ICMP de limitation de débit de la source (Source Quench) vers l'émetteur.

- Il n'existe pas de message d'annulation de limitation de débit.
    - La source diminue le débit, puis l'augmente progressivement tant qu'elle ne reçoit pas de nouvelle demande de limitation.

ICMP redirect

- Un message ICMP redirect peut être transmis par un routeur vers une machine reliée au même réseau pour lui signaler que la route n'est pas optimale.

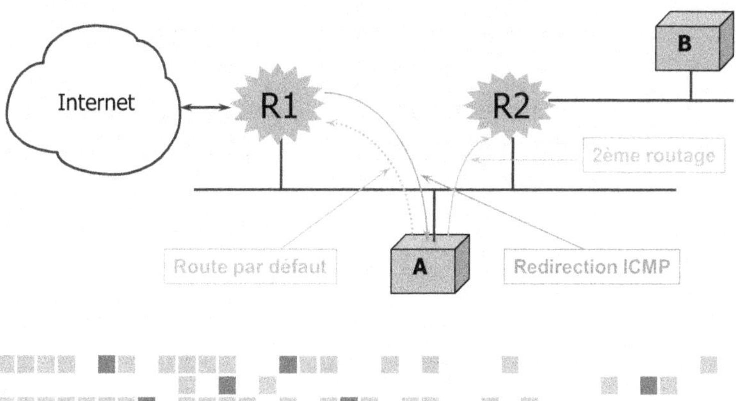

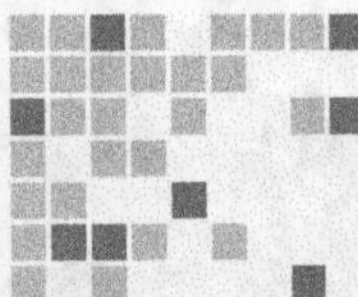

ICMP : autres messages

- Lorsqu'un routeur ou une machine détecte un problème avec un datagramme (en-tête incorrecte) non couvert par les messages ICMP prédéfinis, il émet un message "Parameter Problem on a Datagram" vers l'émetteur du datagramme.

- Le problème rencontré consiste soit en une option manquante (dans le datagramme), soit en une donnée erronée

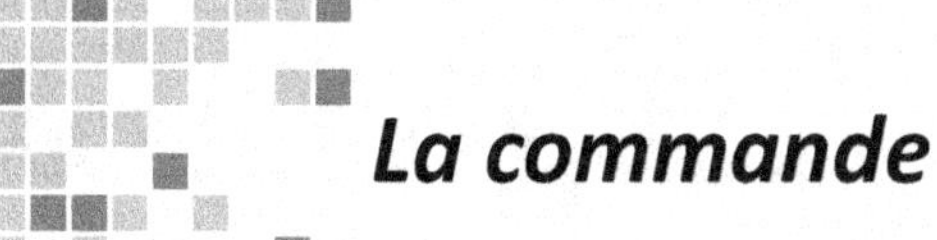 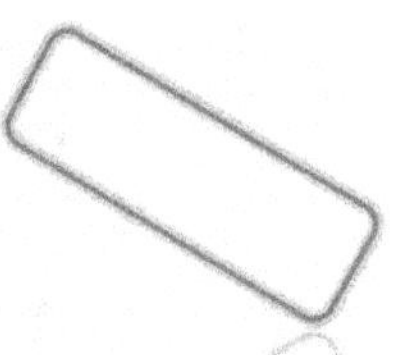

La commande ping

- Envoyer des messages de contrôle vers un équipement distant
  `ping @IP ou NomCible`

- Envoie la requête ping sur l'hôte spécifié jusqu'à interruption. Entrez Ctrl-Attn pour afficher les statistiques et continuer. Ctrl-C pour arrêter.
  `ping -t`

- Recherche les noms d'hôte à partir des adresses.
  `ping -a`
- Nombre de requêtes d'écho à envoyer.
  `ping -n échos`

Envoie la taille du tampon.

ping -l taille

Active l'indicateur Ne pas fragmenter dans le paquet.

ping –f

Durée de vie.

ping -i vie

Type de service.

ping -v TypServ

Enregistre l'itinéraire pour le nombre de sauts.

ping -r NbSauts

Dateur pour le nombre de sauts.

ping -s NbSauts

Itinéraire source libre parmi la liste d'hôtes.

ping -j ListeHôtes

Itinéraire source strict parmi la liste d'hôtes.

ping -k ListeHôtes

Délai d'attente pour chaque réponse, en millisecondes

ping -w Délai

La commande trace route

- Teste le chemin de l'adresse IP de destination que vous souhaitez atteindre et enregistre les résultats
  tracert *@IP ou NomCible*

- Ne pas convertir les adresses en noms d'hôtes
  tracert `-d`
- Nombre maximum de sauts pour rechercher la cible
  tracert `-h SautsMaxi`
- Itinéraire source libre parmi la liste des hôtes
  tracert `-j ListeHôtes`
- Attente d'un délai en millisecondes pour chaque réponse.
  tracert `-w délai`

7 Les services et protocoles applicatifs

7.1 Le protocole DHCP

- Distribution automatique d'adresses

- Attribution d'adresses par réseau (étendues)

- Réserve d'adresses IP pour allocation (pool)

- Location d'une adresse pendant une certaine durée (bail)

- Avantages
  - Configuration transparente des Clients
  - Centralisation des renseignements IP du réseau

L'IETF a conçu le protocole DHCP (Dynamic Host Configuration Protocol), pour pouvoir allouer dynamiquement des adresses, ce qui signifie que l'adresse IP n'est plus dédiée de façon quasiment définitive à une station mais est simplement extraite d'un réservoir d'adresses disponibles puis prêtée à la station.

Le serveur DHCP n'a pas besoin de connaître a priori son client. DHCP autorise donc l'automatisation de la configuration IP des machines sous la surveillance de l'administrateur à qui il reste à fixer un cadre général : réservoir d'adresses (adresse de départ, nombre d'adresses possibles), durée de bail...

Lorsque l'adresse IP est rendue, soit parce que le client n'en a plus l'usage, soit parce que la durée du prêt arrive à terme, l'adresse rejoint le réservoir et peut être affectée à une autre machine.

L'allocation permanente reste possible, il suffit à l'administrateur d'affecter une durée infinie au bail accordé à une machine, ce qui s'appelle aussi réaliser une réservation.

Les requêtes DHCP

- 1 - DHCP Discover
  - Recherche d'un serveur DHCP en local en vue d'obtenir une adresse IP

- 2 - DHCP Offer
  - Proposition de la part du serveur d'une adresse à louer

- 3 - DHCP Request
  - Réservation de l'adresse proposée lors du DHCP OFFER.

- 4 - DHCP Ack
  - Validation de l'attribution d'une adresse IP

- Toutes les requêtes sont effectuées en broadcast et en UDP
  - Ports 67(serveur) et 68 (client)

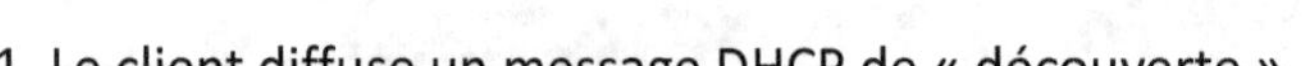

1. Le client diffuse un message DHCP de « découverte ».

2. Le ou les serveurs qui « entendent » le paquet de découverte répondent avec une offre d'adresse IP extraite de leur réservoir d'adresses (« pool ») - L'adresse est marquée réservée et ne peut être offerte à aucun autre client.

3. Le client choisit l'un des serveurs, ce peut être le premier à avoir répondu ou le serveur choisi lors d'une allocation antérieure, et diffuse une requête afin d'obtenir sa configuration IP complète. Le serveur choisi est identifié dans le message DHCP de requête.
Tous les serveurs qui n'ont pas été retenus replacent l'adresse réservée dans leur réservoir d'adresses.

4. Le serveur choisi envoie un message DHCP d'acquittement avec les détails de la configuration IP.

Renouvellement du bail

- Au démarrage
  - DHCP REQUEST à son serveur.

- A la moitié de la durée
  - DHCP REQUEST à son serveur.

- Au 7/8ème de la durée
  - DHCP REQUEST à tous les serveurs

A chaque démarrage, la station va envoyer un message DHCP request, pour s'assurer de la présence du serveur et renouveler son bail.

Si le serveur ne répond pas à la requête ou si la station ne redémarre pas, à la moitié de la durée du bail, une nouvelle demande est envoyée au serveur dédié. Le bail est remis à jour si le serveur répond.

Si le serveur ne répond pas à la deuxième requête, la station attendra jusqu'au 7/8 de la durée du bail initial pour envoyer une requête à tous les serveurs en écoute.

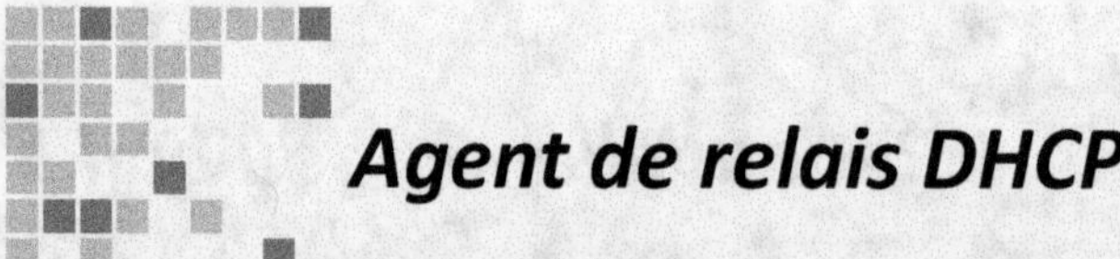

Agent de relais DHCP

- Installé sur un routeurs, il intercepte les requêtes en broadcast.

- Il les transmet à un serveur DHCP connu de lui-même.

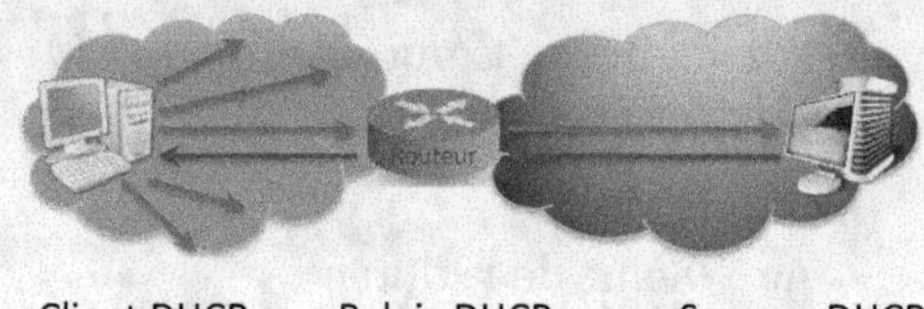

- Les informations sont données par un DHCP situé sur un autre réseau.

- L'agent de relais situé sur la passerelle fait l'intermédiaire.

L'agent de relais DHCP permet à une station d'obtenir une adresse IP même s'il n'y a pas de serveur DHCP sur son réseau logique.

Le relais DHCP, généralement installé sur le routeur va intercepter les requêtes DHCP. Il va transmettre les messages vers un serveur dont l'adresse aura été préalablement configurée sur le routeur.

L'agent de relais va servir d'intermédiaire afin que la station puisse obtenir les renseignements IP du réseau.

7.2   Le système DNS

Présentation

- Correspondance entre noms de machines et adresses IP.

- Pourquoi ?
    - Plan d'adressage IP complexe
    - Utilitaires TCP/IP utilisant des adresses IP
    - Difficultés à mémoriser des adresses IP

- Distribution d'un « annuaire » pour résoudre les noms de machines

L'homme est plus apte à reconnaitre ou à mémoriser des noms symboliques plutôt que des identifiants formés de longues suites numériques. Les machines, au contraire n'utilise que des nombres binaires. Nous avons donc besoin d'un système qui nous permette de substituer un nom symbolique à un identifiant numérique. Mais attention, l'unicité de l'identifiant numérique est assurée, il faut que le nom associé soit tout aussi unique.

Il y a quelques années, la correspondance des noms d'hôtes en adresses IP s'appuyait sur un unique fichier HOSTS.txt, lequel était transmis via FTP à tous les hôtes. Ce système, très vite débordé à l'ère d'Internet, a été remplacé par une architecture de noms de domaine, DNS.

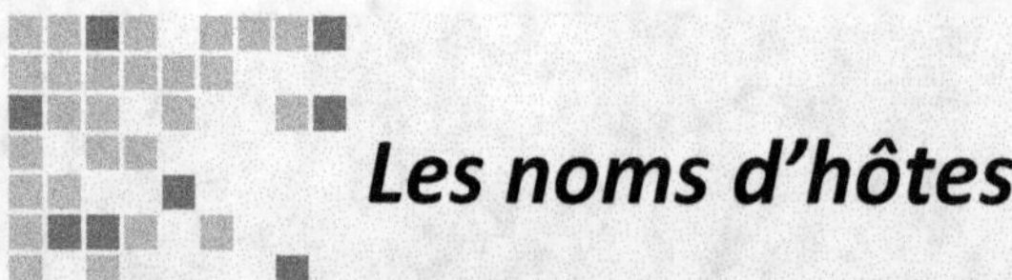

Les noms d'hôtes

- Une structure logique et hiérarchique
  - Le Domain Name System.

- Les noms FQDN (Full Qualified Domain Name)
  - Une référence absolue.

- Base de données répartie.
  - A chaque niveau, sur plusieurs sites.

- Résolution des noms
  - Le client interroge un serveur de noms.

Le DNS (Domain Name System) est un système hiérarchique de nommage conçu pour référencer des ressources aussi différentes que des hôtes, des boîtes aux lettres, des services…

C'est en quelque sorte l'annuaire de l'Internet. En effet un enregistrement DNS établit la correspondance entre un nom et une adresse IP. L'espace de nommage est fondé sur une structure arborescente. Le nom de domaine d'un nœud est formé par la liste des identifiants de tous les nœuds constituant le chemin entre ce nœud et la racine de l'arbre.

Les serveurs de noms détiennent une partie de la base de données globale. Cette base est divisée en sections appelées zones, lesquelles sont distribuées sur l'ensemble des serveurs.

Les processus de résolution de nom sont des programmes chargés d'extraire l'information des serveurs de noms en réponse aux requêtes des clients.

Principe général

- Au sommet de la hiérarchie, le niveau racine, le TLD.

- L'association des noms constitue un chemin dans un arbre inversé.

- Hiérarchie sur plusieurs niveaux

- Administration de noms par zones

- Une zone est administrée par au moins deux serveurs
  - Primaire, secondaire
  - Synchronisation entres serveurs : transfert de zone

L'ensemble des zones constitue la base de données globale. Chaque zone porte un fragment de cette base.

Un domaine recouvre toute l'arborescence située au-dessous de son nœud de définition. Un domaine est une branche de l'arbre inversé. Une zone est « physique » puisqu'on peut lui associer une base de données.

Un hôte est une feuille de l'arbre inversé et non un nœud. Autrement dit, il n'y a plus rien au-dessous.

Le serveur est conçu pour répondre à des requêtes dont la réponse est toujours générée à l'aide de données locales, ce peut être la réponse à la question posée ou une référence à un autre serveur plus susceptible de disposer de l'information demandée.

Quand une zone est couverte par plusieurs serveurs, chacun des serveurs de la zone détient la même partie de l'information globale, ce peut être dans un but de redondance ou de répartition de trafic. Le RFC1034 préconise qu'une zone soit couverte par au moins deux serveurs et si possible davantage.

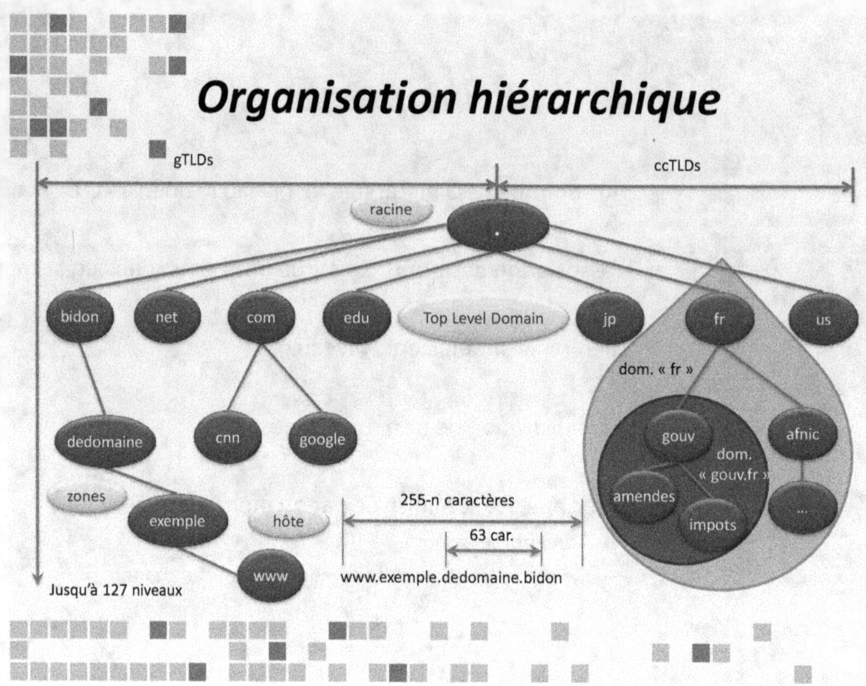

L'administration d'Internet a choisi de partitionner le niveau supérieur (TLD pour Top Level Domain) selon deux systèmes différents, l'un organisationnel, l'autre géographique.

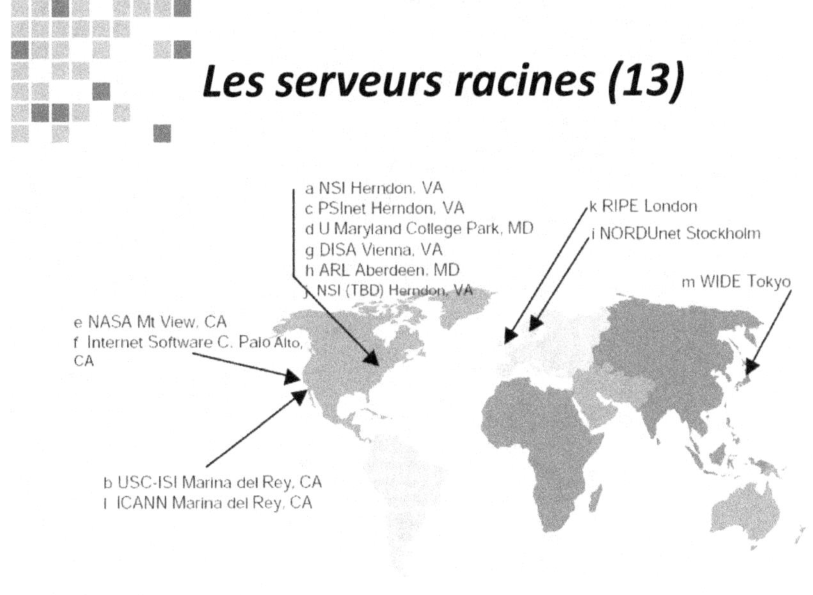

Chaque serveur connaît, dans le domaine dont il est le niveau supérieur, les adresses de tous les serveurs de niveau inférieur.

Les serveurs racines connaissent exactement les serveurs gérant les zones inférieures. Ils possèdent les mêmes informations sur les zones de premier niveau.

Les serveurs racines sont souvent dénombrés à 13, repérés par les lettres A à M.

La plupart sont en fait des serveurs logiques, ou des organisations qui gèrent ces serveurs, effectivement au nombre de 13, mais il existe en réalité un grand nombre d'instances physiques associées au serveur racine.

Par exemple, il existe 49 instances physiques du serveur logique F, toutes associées à la même adresse IP 192.5.5.241., charge au réseau d'acheminer une requête DNS vers l'instance la plus appropriée. On parle alors d'anycast IP, l'association est de un à plusieurs, une même adresse IP est attribuée à plusieurs serveurs physiques (RFC 4786).

Référence : http://www.root-servers.org

Generic TLDs

.AERO	sponsorisé	Reserved for members of the air-transport industry
.ARPA	infrastructure	Reserved exclusively to support operationally-critical infrastructural
.ASIA	sponsorisé	Restricted to the Pan-Asia and Asia Pacific community
.BIZ	generic-restricted	Restricted for Business
.CAT	sponsorisé	Reserved for the Catalan linguistic and cultural community
.COM	generic	Generic top-level domain
.COOP	sponsorisé	Reserved for cooperative associations
.EDU	sponsorisé	Reserved for post-secondary institutions accredited by an agency on
.GOV	sponsorisé	Reserved exclusively for the United States Government
.INFO	generic	Generic top-level domain
.INT	sponsorisé	Used only for registering organizations established by international
.JOBS	sponsorisé	Reserved to serve needs of the international human resource
.MIL	sponsorisé	Reserved exclusively for the United States Military
.MOBI	sponsorisé	Reserved for consumers and providers of mobile products and services
.MUSEUM	sponsorisé	Reserved for museums
.NAME	generic-restricted	Reserved for individuals
.NET	generic	Generic top-level domain
.ORG	generic	Generic top-level domain
.PRO	generic-restricted	Restricted to credentialed professionals and related entities
.TEL	sponsorisé	Reserved for businesses and individuals to publish their contact data
.TRAVEL	sponsorisé	Reserved for entities whose primary area of activity is in the travel
.XXX	Sponsorisé	Reserved for the adult entertainment community

Country Code TLDs

- Il en existe plus de 240.
    - .AC : Ile de l'Ascencion
    - .CU : Cuba
    - .FR : France
    - .NT : Zone Neutre
    - .TV : Tuvalu
    - .ZW : Zimbabwe

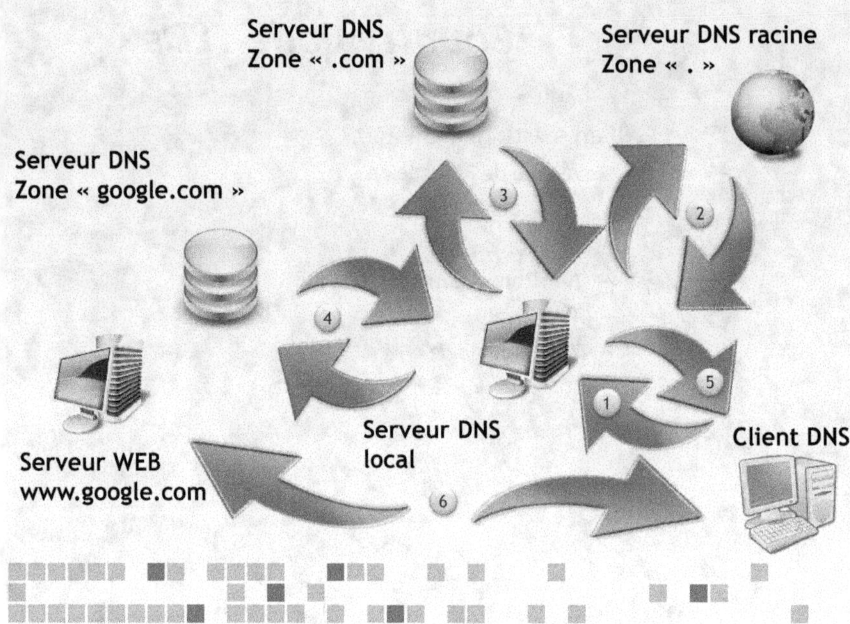

Le Client désire contacter le site web www.google.com.

- Le client contacte son serveur de nom. Le serveur local reçoit la demande de résolution de nom et constate qu'il n'a pas autorité sur la zone google.com ».

- Le serveur local est configuré pour rediriger toutes les requêtes sur lesquelles il n'a pas autorité auprès des serveurs racines. Le serveur racine renvoie donc l'adresse IP d'un serveur ayant autorité sur la zone « .com ».

- Le serveur local envoie la requête vers le serveur gérant la zone « .com ». Il retourne l'adresse du serveur ayant autorité sur la zone google.com.

- Le serveur local envoie la requête vers le serveur gérant la zone « google.com ».Il retourne l'adresse du serveur ayant pour nom www.

- Le serveur local retourne l'adresse IP du serveur recherché au client DNS.

- La communication s'établit entre la machine www.google.com et le client DNS.

7.3 La gestion du réseau

- Protocole d'émulation de terminal

- Il permet d'établir une session entre
  le poste de travail et la machine distante

- Les commandes sont transmises puis exécutées sur le serveur

- Un « echo » du processus est redirigé vers le poste de travail

- Le serveur Telnet écoute, par défaut le port 23/TCP

- Telnet repose sur une authentification par login et mot de passe qui
  ne sont pas cryptés

Telnet est un protocole d'émulation de terminal. Une session est établie entre un poste de travail (client Telnet) et une machine distante (serveur Telnet). Toute commande saisie sur le client est transmise et exécutée sur le serveur Telnet. L'écho du processus distant est redirigé vers le poste de travail, qui voit le compte rendu de la commande. Telnet nécessite donc de connaître les commandes du système d'exploitation distant.

Ce service utilise le port TCP 23.

Les serveurs (Windows, Linux...) ou autres composants administrables à distance (commutateurs, routeurs...) peuvent disposer d'un service Telnet.

Pour des raisons de sécurité, ce service est bien souvent désactivé par défaut. Le protocole SSH (Secure Shell), est bien plus fiable à ce niveau.

NTP

- Protocole de concordance du temps

- Synchronisation des horloges des matériels du réseau

- Référence à un serveur de temps local, lui-même se référant à
un serveur sur internet

NTP permet de synchroniser les ordinateurs fonctionnant sur un réseau. Cela est très important, car de nombreux services réseau reposent sur le fait que toutes les horloges des hôtes sont correctement synchronisées.

Pour cela, l'hôte se réfère à un serveur de temps, qui peut lui-même comparer et ajuster son heure avec un autre serveur NTP sur Internet. Il est facile de retrouver de tels serveurs par une simple recherche et de s'y référer.

SNMP

- Protocole simple de gestion de réseau

- Basé sur l'échange entre agents et superviseur

- Information stocké dans des MIB

SNMP est un protocole simple, reposant sur UDP, permettant d'administrer à distance des équipements ou des logiciels.

Deux entités composent un système SNMP. Des agents, applications clientes, sont installés sur les équipements administrables. Ils remontent leurs informations à un superviseur, gestionnaire centralisant les informations. Celui-ci peut également donner des consignes aux agents.

Localement, les agents fonctionnent à certains niveaux du modèle OSI (sur des couches choisies) et stockent les informations dans des bases appelées Management Information Base (MIB). De nombreuses MIB existent offrant un panel de fonctionnalités assez importantes.

SNMP est le protocole privilégié de la supervision d'un réseau, de son architecture et de ses hôtes.

7.4   Le transfert de fichier

HTTP

- Protocole de « transfert hypertexte »

- Le serveur WEB stocke les informations sous
  formes de pages de texte, d'images, de vidéos, de sons, …

- Les URL précise le protocole, l'alias du serveur, et la référence
  de l'entité

- Les fichiers sont interprétées par un logiciel (navigateur)

- Les requêtes sont définis par des méthodes (actions)

HTTP est un protocole de communication client-serveur. Les fichiers transmis au client sont donc interprétés par un logiciel navigateur (browser).

Le protocole HTTP est servi par un serveur Web, qui stocke les informations sous forme de pages de texte, d'images, de vidéos, de sons… Chaque entité correspond à un fichier, au sein d'une arborescence.

Dans le protocole HTTP, une méthode est une commande spécifiant un type de requête, c'est-à-dire qu'elle demande au serveur d'effectuer une action. En général l'action concerne une ressource identifiée par l'URL qui suit le nom de la méthode.

Pour joindre ces informations, des URL (Uniform Resource Locator) sont utilisées. Une URL précise d'abord le protocole (http://) puis l'alias du serveur Web et enfin la référence de l'entité.

Par défaut, le texte transmis entre un client et un serveur est en clair. Pour pallier à ce défaut, une version sécurisée du protocole, HTTPS (TCP 443), chiffre le dialogue, rendant les informations confidentielles. Le protocole HTTPS est également connu sous l'appellation SSL (Secure Socket Layer).

Méthodes

- GET - Demande de ressource, elle ne modifie pas la ressource.

- HEAD - Demande d'informations sur une ressource

- POST - Ajoute une ressource. L'URL fournie est l'URL concernée par l'ajout.

- OPTIONS - Découvre les options de communication mises en œuvre par une ressource ou un serveur.

- CONNECT - Utilise un Proxy comme un tunnel de communication.

- TRACE - Demande au serveur de retourner ce qu'il a reçu (Echo) dans le but de tester la liaison.

- PUT - Remplace ou ajoute une ressource sur le serveur. L'URL fournie désigne la ressource en question.

- DELETE - Supprime une ressource du serveur.

HTTPS

- HTTP over SSL (SSL est un protocole de sécurisation des échanges)

- Les garanties fournies sont
  - l'authentification du serveur
  - la confidentialité des données échangées (chiffrement)
  - l'intégrité des données échangées
  - l'authentification du client en option

- http est remplacé par https et le navigateur affiche un cadenas comme visuel de sécurité

Le navigateur

- Client HTTP qui interprète le langage HTML

- Des modules d'extension permettent l'affichage de contenus multimédia (plugins, ActiveX, Flash, Adobe …)

- Internet Explorer, Mozilla Firefox , Google Chrome, ou encore Opéra sont les « browsers » les plus utilisés

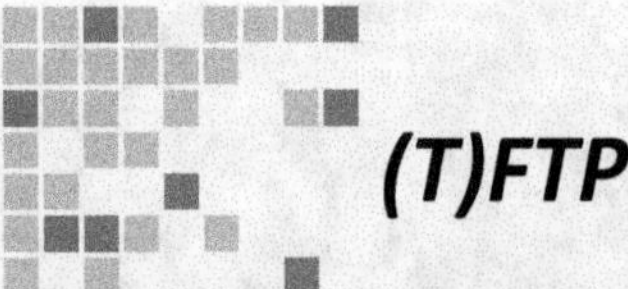

(T)FTP

- Protocole de transfert de fichier

- Gestion de fichiers indépendant du système d'exploitation

- FTP utilise deux ports TCP
  - Le port TCP 20 est le port des données
  - Le port TCP 21 est le port des commandes

- Le transfert de fichiers peut se faire dans les deux sens de communication

FTP est un protocole de transfert de fichiers basé sur un mode fiable et reposant sur TCP. Le principal avantage de FTP est de pouvoir être utilisé entre systèmes d'exploitation différents, reposant sur des systèmes de fichiers hétérogènes.

Le protocole FTP permet de demander l'authentification auprès d'un compte utilisateur connu. Il est alors possible, moyennant l'utilisation de commandes propres à FTP, de déplacer des fichiers d'un répertoire à l'autre (suivant les autorisations dont l'utilisateur dispose sur chaque système).

Il existe deux types de clients FTP. Le premier est graphique, l'autre est un client en ligne de commande disponible dans les systèmes d'exploitation tels Windows ou linux.

Le protocole FTP est particulier, car il utilise deux connexions séparées pour son usage :

Un canal de commandes/contrôle, sur le port 21 et un canal de données, sur le port 20

Trivial FTP (TFTP) permet également de télécharger plus rapidement les informations mais sans garantir leur intégrité. Son absence de fiabilité repose sur le fait que c'est le protocole UDP qui est utilisé en lieu et place de TCP pour le transport.

Type de données

- ASCII

- EBCDIC

- IMAGE ou BINAIRE

- LOCAL

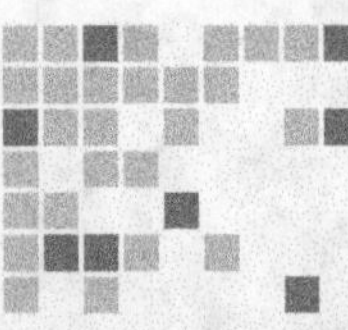

Commande FTP

Commande	Objet
ABOR	Avorte la commande FTP précédente ainsi que tout transfert de fichier.
LIST fichier ou répertoire	Liste les fichiers du répertoire fourni en argument. Fournit des informations sur le fichier fourni en argument.
NLST	(NAME LIST) Catalogue succinct du répertoire fourni en argument.
RETR nom_de_fichier	Récupère un fichier (correspond à la commande utilisateur **GET**).
STOR nom_de_fichier	Stocke un fichier (correspond à la commande utilisateur **PUT**).
SYST	Le serveur retourne son type de système d'exploitation.
TYPE type	Voir Type de données. A pour ASCII, I pour Image.
PORT n1, n2, n3, n4, n5, n6	Adresse IP du client (n1 à n4) et port (n5x256 + n6), voir ouverture active de la connexion de données.
PASV	Cette commande demande au SERVER-DTP de se mettre à l'écoute d'un port TCP différent du port par défaut et d'attendre une demande de connexion. La réponse à cette requête précise l'adresse IP et le port choisi par le serveur.
USER nom_utilisateur	Nom de l'utilisateur du service
PASS mot_de_passe	Mot de passe requis par le serveur
QUIT	Log out. Termine une session USER et si aucun transfert n'est en cours, ferme le canal de contrôle.

NFS

- Protocole de distribution de système de fichier

- Accéder à un système de fichiers distant différent en utilisant les commandes locales.

- Basé sur le protocole RPC et XDR

Développé par SUN vers 1985, NFS est un système de fichiers distribué en environnement hétérogène. Il permet aux utilisateurs d'ordinateurs et de systèmes d'exploitation différents, d'accéder à un système de fichiers distant, sans avoir à apprendre de nouvelles commandes spécifiques.

NFS a été le premier partage de fichiers à être véritablement opérationnel et il constituait le complément indispensable de l'environnement de stations de travail fourni par SUN. La popularité de son système d'exploitation SOLARIS a permis de contribuer au succès de NFS.

NFS est basé sur les protocoles Remote Procedure Call (RPC) et eXternal Data Representation (XDR) dont l'implémentation est relativement simple.

Il a ainsi été largement intégré dans les systèmes d'exploitation UNIX.

7.5 La messagerie

- Protocole de transfert simple pour la messagerie

- Transmettre des messages vers la boite aux lettres du destinataire

- Le protocole utilise le port 25

- Emetteur et destinataire doivent être identifiés
  - Référence de boite @ nom de domaine

SMTP est un protocole de transfert simple utilisé en messagerie électronique. Il repose sur TCP et IP et n'intègre aucune interface utilisateur.

Le but de SMTP est de transmettre des messages (e-mail) jusqu'à la boîte aux lettres du destinataire.

Ce protocole utilise des hôtes distincts et nommés selon leur fonction :

MUA (Mail User Agent), client de messagerie ;

MTA (Mail Transfer Agent), relais du courrier ;

MDA (Mail Delivery Agent), service de remise du courrier dans les boîtes aux lettres des destinataires.

Ce protocole décrit dans la RFC 2821, utilise le port TCP 25 côté serveur.

Pour l'envoi d'un message par SMTP, un émetteur et un destinataire doivent être repérés.

Pour cela, ils possèdent tous deux une adresse formée d'une référence de boîte, à gauche du signe @, et d'un nom de domaine, à droite du signe @.

Le message lui-même est scindé en trois parties :

Une enveloppe, utilisée par les agents de transfert pour l'acheminement,

Un en-tête, comprenant les adresses et l'objet,

Un corps, contenu du message.

Commandes SMTP

Commande	Description
HELO ▼ domaine ↵ *	Identifie le client auprès du serveur SMTP. L'argument est le nom de domaine pleinement qualifié du client SMTP
EHLO ▼ domaine ↵ *	Rôle identique à celui de la commande HELO mais le client indique ainsi qu'il souhaite utiliser la version étendue de SMTP
MAIL ▼ FROM :@expéditeur ▼ paramètres ↵ *	Initie une transaction de messagerie dans laquelle les données de messagerie sont livrées à un serveur SMTP.
RCPT ▼ TO : @destinataire ▼ paramètres ↵ *	Identifie un receveur individuel des données de messagerie ; plusieurs receveurs sont spécifiés par plusieurs utilisations de cette commande.
DATA↵ Bla ▼ Bla ▼ Bla↵ . ↵	Contenu du message.
RSET↵ *	La transaction de messagerie en cours va être interrompue.
VRFY ▼ adresse_à_vérifier ↵ *	Demande au serveur de confirmer que l'argument identifie un usager ou une boîte aux lettres.
EXPN ▼ liste_à_vérifier ↵	Demande au serveur de confirmer que l'argument identifie une liste de diffusion et s'il en est ainsi, de retourner les adhérents de cette liste.
NOOP ↵ *	Permet de vérifier que le serveur SMTP est « vivant ». Le serveur doit retourner « 250 OK ».
QUIT ↵ *	Le serveur renvoie « 221 goodbye » puis clôt la connexion.
HELP ↵ ou HELP ▼ commande ↵	Le serveur retourne de l'information utile au client.

POP3

- Protocole de gestion de courrier

- Dédié à la publication et à l'accès à distance d'un serveur de messagerie

- Connexion préalable entre client et serveur

- Transfert des messages vers le client de messagerie

- Le protocole utilise le port 110

Contrairement à SMTP, qui joue le rôle de relais ou de transport, POP est spécifiquement dédié à la publication et à l'accès à distance à un serveur de messagerie.

Le serveur POP communique avec l'agent utilisateur. Il transfère alors vers le client les messages, puis les supprime à la demande du client.

Normalement, le serveur ne conserve que les messages qui n'ont pas encore été transférés vers le client.

POP 3 est défini dans la RFC 1939 et utilise le port TCP 110.

Avec POP, le client doit établir une connexion préalable auprès du serveur. Une fois la connexion établie, le serveur verrouille la boîte aux lettres de l'utilisateur et entre en phase de transaction.

Par défaut, le nom et le mot de passe circulent en clair sur le réseau avec POP. Certains serveurs POP implémentent l'algorithme MD5 (Message Digest 5, RFC 1321) pour protéger le mot de passe envoyé.

IMAP

- Protocole de consultation de courrier

- Visualiser, grâce à un navigateur, les messages conservés sur le serveur de messagerie

- Possibilité de télécharger les messages en local

IMAP permet aux messages électroniques (mails) d'être stockés et conservés sur le serveur de messagerie, plutôt que de les rapatrier systématiquement sur le poste client.

Le client IMAP se contente, en fait, d'afficher à distance les en-têtes des messages et permet de choisir ceux qui seront effectivement téléchargés en local. La généralisation de la consultation des messages directement sur les sites Web (webmail) a annulé les avantages des fonctionnalités complémentaires intéressantes. IMAP n'a donc pas eu l'essor espéré et reste peu utilisé.

De nombreuses commandes sont disponibles en IMAP. Elles permettent de gérer les boîtes aux lettres, les messages, d'effectuer des recherches, des transferts sélectifs, etc. Il est aussi possible, avec IMAP, de mettre en œuvre un partage de boîte aux lettres entre plusieurs personnes.

8 Glossaire

ADSL : Asymmetric Digital Subscriber Line

Technologie qui permet sur une connexion téléphonique classique en cuivre, d'ajouter aux extrémités, des équipements (chez l'abonné et au niveau du central téléphonique), pour permettre des débits asymétriques de l'ordre de 512 Kbps à 1 Mbps en flux descendant (download) et 256 Kbps en flux montant (upload).

AH : Authentication Header

C'est un protocole utilisé par IPSec qui permet de signer des trames, c'est-à-dire d'attester de leur intégrité et donc de leur authenticité (non modification).

ANSI : American National Standards Institute

Organisme américain à l'origine de nombreuses normes informatiques et réseaux.

APIPA : Automatic Private IP Addressing.

Mécanisme d'attribution automatique d'adresses dans la plage 169.254.*.* pour des clients DHCP Microsoft qui ne parviennent pas à obtenir d'adresses IP.

ARP : Address Resolution Protocol

Protocole utilisé en TCP/IP pour résoudre une adresse IP en adresse physique.

ARPANET : Advanced Research Project Agency NETwork

Premier réseau à commutation de paquets, à l'origine d'Internet développé par le département de la défense américaine.

ASFI : Accès sans fil à Internet

Expression française qualifiant les Hot Spots, proposant un accès à Internet par la technologie Wi-Fi.

ATM : Asynchronous Transfer Mode

L'ATM ou TTA, Technique de Transfert Asynchrone, est une forme de commutation de cellules offrant des débits très élevés.

AUI : Access Unit Interface

Connecteur DB15 utilisé pour connecter une carte 10base5 à un émetteur-récepteur externe.

BLUETOOTH

Technologie de réseau sans fil basé sur la puce du même nom.

BL : Boucle Locale

Partie du réseau téléphonique commuté (RTC) située entre l'abonné et les commutateurs France Télécom.

BNC : British Naval Connector

Connecteur utilisé en 10base2 pour connecter un câble coaxial fin à une carte réseau Ethernet.

BSD : Berkeley Software Development

Editeur de logiciels à l'origine de la version d'Unix qui fournissait les sources TCP/IP gratuitement aux Universités et qui a contribué, grâce à cette diffusion, au développement de TCP/IP.

CCITT : Comité Consultatif International Télégraphique et Téléphonique

Organisme remplacé par l'UIT.

CDDI : Copper Distributed Data Interface

Norme similaire à FDDI qui s'appuie sur de la paire torsadée comme support de transmission.

CHAP : Challenge Handshake Authentication Protocol

Protocole d'authentification utilisé par PPP, autorisant le cryptage des mots de passe.

CIDR : Classless Inter Domain Routing

Ensemble de spécifications qui permet de définir un adressage IP hiérarchique dans un environnement d'interconnexions également hiérarchiques. L'objectif est d'optimiser l'attribution des plages d'adresses IP disponibles en jouant sur un masque à longueur variable.

CODEC : CODeur DECodeur

Composant permettant de numériser une source analogique en un signal numérique.

CRC : Cyclic Redundancy Code

Code de contrôle d'erreurs, calculé et transmis avec la trame, pour disposer d'un premier niveau de détection d'erreur.

CSMA/CA : Carrier Sense Multiple Access/Collision Avoidance

Méthode d'accès au support utilisée dans les réseaux AppleTalk. Elle est basée sur l'évitement des collisions en réservant le canal avant de transmettre les données.

CSMA/CD : Carrier Sense Multiple Access/Collision Detection

Méthode d'accès au support utilisée dans les réseaux Ethernet. Elle est basée sur la détection des collisions sans réservation du canal pour transmettre les données.

DCE : Data Communications Equipment

Voir ETCD

DES : Data Encryption Standard

Algorithme de chiffrement des données.

DHCP : Dynamic Host Configuration Protocol

Service qui permet d'attribuer dynamiquement des paramètres TCP/IP aux clients qui en font la demande.

DMA : Direct Memory Access

Mécanisme d'accès direct à la mémoire permet de mettre en œuvre des transferts d'informations en tâche de fond en utilisant le bus de l'ordinateur, sans mobiliser le microprocesseur.

DNS : Domain Name System

Service disponible dans un environnement TCP/IP permettant de résoudre des noms du type www.eni.fr en adresse IP.

DoS : Deny of Service ou Denial of Service

Forme courante d'attaque, le refus de service, qui consiste à saturer une ressource d'un serveur pour neutraliser son bon fonctionnement : il peut s'agir, par exemple, de saturer les connexions TCP disponibles, le processeur, l'espace disque ou même encore le réseau sur lequel est connecté le serveur.

DTE : Data Terminal Equipment

Voir ETTD

ESP : Encapsulating Security Payload

Protocole utilisé par IPSec qui permet de chiffrer le contenu des données encapsulées (le Payload).

ETCD : Equipement terminal de circuit de données

Composant intermédiaire dans un échange entre ETTD.

ETTD : Equipement terminal de traitement de données
Composant final dans un échange utilisant des ETCD.

EXT2 et EXT3
Systèmes de fichiers sécurisés couramment utilisés par les systèmes d'exploitation Linux. Ext3 est une version journalisée d'Ext2.

FAT : File Allocation Table
La Table d'allocation de fichiers est la structure utilisée dans certains cas, dans les environnements OS/2, MsDOS, Windows 95 et Windows NT. Elle s'appuie, en interne, sur un chaînage des informations et n'introduit pas d'index interne permettant d'optimiser les accès.

FDDI : Fiber Distributed Data Interface
Norme à jeton passant à 100 Mbps, basée sur une topologie logique en double anneau sur fibre optique.

FTP : File Transfer Protocol
Protocole de transfert de fichiers en mode fiable, utilisé dans un environnement TCP/IP.

GPRS : General Packet Radio Service
Système de transfert de données par le système de téléphonie cellulaire, parfois qualifié de génération 2.5.

GRE : Generic Routing Encapsulation
Protocole utilisé par PPTP qui permet d'encapsuler les données dans PPP pour exploiter la fonctionnalité de chiffrement de ce dernier.

GSM : Global System Mobile
Le GSM est le premier système de téléphonie mobile cellulaire numérique.

HDLC : High level Data Link Control
Sous-couche mise en œuvre dans la couche liaison, qui offre plusieurs niveaux de services. On la retrouvera notamment dans des connexions WAN en point à point.

HSDPA : High Speed Downlink PackeAccess)
Nouvelle génération de téléphonie basée sur UMTS. Plus rapide, elle est qualifiée de 3G+.
HTML : HyperText Markup Language
Langage de mise en forme de données utilisé pour effectuer des présentations en mode graphique à travers un navigateur Internet.

HTTP : HyperText Transfer Protocol

Protocole de transfert de fichiers permettant d'acheminer tous types d'information.

HTTPS : HTTP Secure

Version HTTP utilisant SSL pour chiffrement les échanges de données entre un client et un serveur sur le Web.

ICA : Independent Computing Architecture

Protocole utilisé par Citrix pour les clients légers, qui permet de travailler à distance et en mode graphique sur une connexion à faible débit (seulement 15 à 20 kbps par connexion sont nécessaires), tout en proposant une compression et un chiffrement des données échangées.

ICMP : Internet Control error Message Protocol

Protocole rudimentaire qui permet de rendre des services à la famille de protocoles TCP/IP, notamment pour prévenir de la perte d'un paquet.

IDS : Intrusion Detection System

Systèmes, matériels ou logiciels, qui, positionnés sur le réseau, servent à la remontée d'informations anormales.

IEEE : Institute of Electrical and Electronics Engineers

Organisme de normalisation à l'origine de normes réseaux importantes concernant les couches basses.

IETF : Internet Engineering Task Force

Le but de cet organisme est l'amélioration du réseau Internet.

IMAP : Internet Message Access Protocol

C'est un protocole évolué qui permet de gérer à distance le courrier électronique. Il permet de ne télécharger que les en-têtes de manière à supprimer sans avoir à les télécharger, des messages volumineux indésirables, contrairement à POP.

IPNG : Internet Protocol Next Generation

Nouvelle génération du protocole Internet, c'est-à-dire la version 6.

IPSEC : IP Security

Protocole qui permet de mettre en oeuvre un chiffrement des échanges soit en mode transport, soit en mode tunnel (dans un VPN L2TP).

IPX : Internetwork Packet Exchange

Protocole de couches réseau et transport, routable et non fiable, utilisé dans un environnement Novell.

IRDA : Infra Red Data Association

Ensemble de spécifications qui permettent de réaliser la connectivité de matériels infra-rouge.

ISO

Organisme de normalisation mondialement reconnu, à l'origine de nombreuses normes.

ISP : Internet Service Provider

Organisme fournisseur d'accès à Internet, passerelle entre les clients.

L2TP : Layer 2 Tunneling Protocol

Protocole complexe permettant de mettre en œuvre un VPN (Virtual Private Network) en configurant précisément les fonctionnalités (signature des trames avec AH, chiffrement des données avec ESP, complexité de la clé de chiffrement utilisée, renouvellement de la clé de session, etc.).

LAN : Local Area Network

Réseau à l'étendue géographique limitée.

LLC : Logical Link Control

Sous-couche de la couche liaison du modèle OSI, introduite par l'IEEE offrant différents types de services.

LPD : Line Printer Daemon

Service d'impression spécifiquement TCP/IP, disponible sur diverses plates-formes.

MAC : Medium Access Control

Sous-couche de la couche liaison du modèle OSI, introduite par l'IEEE. Elle gère l'accès au support physique et intègre donc la méthode d'accès au support, ainsi que l'adressage physique.

MAN : Metropolitan Area Network

Réseau dont l'étendue géographique est relativement importante, à l'échelle d'une ville.

MAU ou MSAU : MultiStation Access Unit

Il désigne un concentrateur Token Ring.

MIB : Management Information Base

C'est la structure de données mise en place par un agent SNMP pour mettre à disposition des informations spécifiques d'un composant distribué, matériel ou logiciel.

MODEM : MODulateur DEModulateur

Exemple d'ETCD, ou d'équipement intermédiaire, permettant de transmettre des données numériques sous la forme d'un signal analogique.

MPLS : Multi-protocol Label Switching

Cette norme de l'IETF est destinée au transport efficace des communications sur des réseaux de grande envergure.

MTU : Maximum Transfer Unit

Longueur maximale d'une trame sur un réseau de niveau 2. Cette information est importante puisqu'elle est utilisée par IP pour savoir si un datagramme doit être fragmenté ou non au passage sur un routeur.

NAS : Network Attached Storage

Ce système est dédié au stockage des données sur un réseau.

NAT : Network Address Translation

Mécanisme qui permet de traduire systématiquement les datagrammes en modifiant les entêtes IP, voire TCP et UDP pour protéger les postes de l'intranet.

NCP : Netware Core Protocol

Protocole aux multiples fonctions dont celle de fournir un accès à des fichiers et imprimantes pour des clients Novell.

NDIS : Network Device Interface Specification

C'est une spécification Microsoft/3Com utilisée dans les systèmes d'exploitation réseaux Microsoft, pour les pilotes de cartes réseau et les protocoles des couches moyennes.

NETBEUI : NETBios Extended User Interface

Deux couches des niveaux réseau et transport au sens de l'OSI, permettant de disposer de couches moyennes interchangeables pour NETBIOS (couche session).

NETBIOS : Network Basic Input/Output System

INterface de programmation d'applications réseau disponible pour des applications client/serveur sur n'importe quels protocoles de couches moyennes.

NETBT ou NBT : NetBIOS over TCP/IP

Version de NetBIOS reposant sur TCP/IP.

NFS : Network File System

Service de fichiers en réseau sous TCP/IP, permettant de voir une arborescence distante comme si il s'agissait d'un sous-répertoire de l'arborescence locale.

NLB : Network Load Balancing ou clusteur d'équilibre de charge réseau.

Solution qui consiste à mettre en œuvre un équilibre de charge réseau au moyen simple d'un composant logiciel qui vient s'ajouter au pilote de carte réseau. Cette fonctionnalité est uniquement disponible sur certains systèmes d'exploitation tels que Windows 2000 Advanced Server.

NNTP : Network News Transfer Protocol

Protocole qui permet un accès à des échanges de mails centralisés ; on parle souvent de forums de discussions.

NTFS : New Technology File System

Système de fichiers 64 bits, transactionnel, sécurisé, proposé avec Windows NT.

NTP : Network Time Protocol

Protocole utilisé pour synchroniser une horloge d'un ordinateur par rapport à celle d'un serveur sur Internet.

ODI : Open Data Interface

Spécification écrite par Novell/Apple pour les pilotes de cartes et protocoles réseau, dans un environnement Novell.

OSF : Open Software Fundation

Cette fondation permet de fusionner l'expérience de différents fournisseurs ; elle est notamment à l'origine de OSF/Motif, une interface graphique utilisateur.

OSI : Open System Interconnection

Modèle en sept couches de référence de l'ISO.

OSPF : Open Shortest Path First

Protocole de routage dynamique pris en charge par IP.

PAD : Packet Assembler/Disassembler

Commutateur fournissant un accès direct à X.25.

PAN : Personal Area Network

Réseau de petite étendue, centré sur l'utilisateur.

PAP : Password Authentication Protocol

Protocole simple utilisé notamment par PPP qui permet d'effectuer une authentification simple à l'aide d'un nom d'utilisateur et d'un mot de passe qui circulent en clair (non protégé).

PING : Packet INternet Groper

Outil de test de connectivité couramment employé sous TCP/IP pour identifier un problème d'adressage ou de configuration IP.

POP : Post Office Protocol

Protocole couramment utilisé qui permet l'accès à un serveur de courrier pour télécharger le contenu de sa boîte aux lettres. Dans certains cas, il peut être avantageusement remplacé par IMAP.

PPP : Point to Point Protocol

Protocole WAN travaillant sur les deux premières couches du modèle OSI, couramment utilisé pour se connecter à Internet.

PPPoE : Point to Point Protocol over Ethernet

Protocole de connexion Point à Point spécifiquement développé pour l'ADSL. Il permet d'éviter que tous les abonnés se voient sur le même support physique.

PPTP : Point to Point Tunneling Protocol

Protocole permettant à travers une communication IP multipoint, de gérer une communication privée protégée.

RAID : Redundant Array of Inexpensive Disks

Fonctionnalité qui permet d'introduire une tolérance de panne à travers une redondance de stockage d'informations.

RARP : Reverse Address Resolution Protocol

C'est un protocole qui permet à un ordinateur d'obtenir une configuration IP de base en fonction de son adresse physique.

RFC : Request For Comments

Document de référence définissant une norme pour les protocoles de la famille TCP/IP.

RIP : Routing Internet Protocol

Protocole de routage dynamique existant pour IPX et IP.

RLE : Réseau local d'entreprise

Réseau local, LAN, à l'échelle d'un site géographique peu étendu.

RNIS : Réseau numérique à intégration de services

Réseau tout numérique offrant un support fiable de transmission.

RPC : Remote Procedure Call

Les appels de procédures distantes sont utilisés pour permettre une communication entre des composants clients et serveurs dans un réseau.

RPV : Réseau privé virtuel

Voir VPN

RTC : Réseau téléphonique commuté

C'est le téléphone public, basé sur une commutation physique.

SAN : Storage Area Network

Réseau dédié au stockage de données, relié au réseau de l'entreprise.

SER : Système d'Exploitation réseau

Ou Network Operating System (NOS).

SMB : Server Message Block

Protocole de services de fichiers et d'impression utilisé surtout dans les réseaux Microsoft.

SMTP : Simple Mail Transfer Protocol

Protocole élémentaire utilisé pour le transfert de fichiers sortant.

SNMP : Simple Network Management Protocol

Protocole élémentaire permettant de suivre, voire d'administrer à distance des composants matériels et logiciels au travers d'une base d'information (MIB).

SPX : Sequenced Packet eXchange

C'est un protocole de couche transport permettant d'assurer un mode connecté (fiable) utilisé dans un environnement Novell.

SQL : Structured Query Language

Langage de requêtes très répandu, normalisé par l'ANSI en 92.

SSL : Secure Socket Layer

Couche logicielle permettant de filtrer les échanges entre applications Windows socket.

STP : Shielded Twisted Pair

Paire torsadée blindée.

TCP/IP : Transmission Control Protocol/Internet Protocol

Famille de protocoles mondialement connue, indépendante de la couche physique utilisée.

TELNET

Protocole qui permet de simuler la connexion d'un terminal à travers le réseau. L'objectif est de pouvoir administrer un serveur à distance, en mode caractères.

TFTP : Trivial File Transfer Protocol

Protocole de transfert de fichiers qui privilégie la rapidité au détriment de la fiabilité (très peu utilisé).

TLS : Transport Layer Security

Version du protocole SSL normalisé par l'ISO pour la sécurisation de niveau applicatif.

TSE : Terminal Server Edition

Ensemble clé en main proposé par Microsoft qui permet de disposer d'un accès distant à un ordinateur en mode graphique. Cette solution repose sur le protocole RDP (Remote Desktop Protocol).

TTL : Time To Live

Exprime une durée de vie.

UDP : User Datagram Protocol

Protocole de la couche transport de la pile TCP/IP proposant un mode non fiable.

UIT : Union internationale des télécommunications

Ce comité est le successeur du CCIT, pour l'étude et la normalisation de protocoles touchant à la télécommunication.

UMTS : Universal Mobile Telecommunications System

Troisième génération (3G) de téléphonie mobile numérique, pour l'instant exploitée pour la transmission de données.

UNC : Universal Naming Convention

Chemin réseau permettant d'identifier une ressource dans un réseau basé sur NetBIOS.

UPS : Uninterruptible Power Supply

Onduleur, c'est-à-dire d'un équipement disposant d'une batterie sur lequel est relié un ou plusieurs serveurs, capable de suppléer à une déficience momentanée de l'alimentation principale.

URL : Uniform Resource Locator

Chemin réseau permettant d'identifier une ressource TCP/IP de manière unique.

UTP : Unshielded Twisted Pair

Paire torsadée non blindée.

VLSM : Variable Length Scalable Mask

Dans un environnement CIDR (Classless Inter Domain Routing), cela sous-entend que le masque permettant d'identifier un ensemble d'hôtes pourra varier d'un routeur à l'autre.

VoIP : Voice over IP

Système d'encapsulation de la communication vocale pour une transmission à travers des datagrammes IP.

VPN : Virtual Private Network

Identifie une connexion privée (c'est-à-dire protégée, dont le contenu des échanges est chiffré) en général sur un réseau public (tel qu'Internet). La solution mise en œuvre peut être PPTP, L2TP ou encore SSL.

WAN : Wide Area Network

Terme désignant un réseau étendu géographiquement.

WAP : Wireless Application Protocol

Premier service de transfert de données par les réseaux cellulaires.

WINS : Windows Internet Name Service

Service dynamique permettant de résoudre en inter-réseau les noms NetBIOS en adresse IP.

WWW : World Wide Web

Toile d'araignée mondiale ou Web, c'est-à-dire Internet.

X25

Les spécifications X25 sont destinées à standardiser la communication de longue distance sur des réseaux peu fiables.

www.ingramcontent.com/pod-product-compliance
Lightning Source LLC
Chambersburg PA
CBHW080904160726
48000CB00009B/2848